MW00629730

INSTITUTO B'NEI NOAJ
DE LA YESHIVA PIRJEI SHOSHANIM

Libro de Rezos
B'nei Noaj

Autor Rav. Naftali Espinoza
© Instituto B'nei Noaj 2014 de la Yeshiva Pirjei Shoshanim

CONSULATE GENERAL
OF ISRAEL IN NEW YORK

CONSUL GENERAL

חקונסוליה הכללית של
ישראל בניו יורק

קונסול כללי

June 25, 2011

Dear Friends,

It is my pleasure to extend these warm greetings, to all those in attendance at the 10th Anniversary of the Shulchan Aruch Semicha Program of Yeshiva Pirchei Shoshanim.

Yeshiva Pirchei Shoshanim is a special institution that brings the traditions of our religion to countless young minds across the globe. They welcome Jews from varied backgrounds, and supply them with the tools to discover our religious traditions in a warm and caring environment. As they educate in the ways of our heritage, Yeshiva Pirchei Shoshanim provides an outlet and home for Jewish theology. The Shulchan Aruch Semicha Program is an exciting aspect of the Yeshiva that allows individuals to commit either full or part time to expand their studies. The culmination of the program held each year tests each candidate on their skills and awards those who pass with the honor of earning Semicha.

I would like to acknowledge a vital aspect of the Shulchan Aruch Project. Yeshiva Pirchei Shoshanim has taken the initiative to support nearly 20 Jewish Chaplains from all branches of United States armed forces. The US Army, Air Force, Navy and National Guard, can connect their soldiers to the Jewish faith, at times when it is most tested. I thank the Yeshiva for understanding the need to reach out to the young men and women who risk their lives in pursuit of freedom and liberty.

On behalf of the State of Israel, I commend you all for your continued determination, and give my best wishes for many more years of success.

Sincerely,

Ido Aharoni
Consul General

Rabino Eliezer Raphael (Lazer) Brody
Mashpia Ruchni y Editor en Ingles, Breslev Israel
Traductor al Ingles de los libros y Cd's del Rabino Shalom Arush
Autor de Pi Habe'er, Nafshi Tidom, El Camino a la tranquilidad y otros libros
Rehov Harotem 21/9 Ashdod, Israel 77572

23 Adar Bet, 5774 (Marzo 25, 2014)

Aprobación - Hascama

Hoy en día, la Geula, la plena redención de nuestro pueblo, sin duda está, a paso gigante, cada vez más cerca. Mi estimado amigo y muy querido Rabino Fishel Todd shlit'a, uno de los principales y más influyentes educadores de Tora de hoy y jefe de la "Yeshiva Pirjei Shoshani" con estudiantes de todo el mundo, ha iniciado un nuevo programa vital, en profundidad, que enseña a las Siete Leyes de Noé.

Hasta ahora, nunca había tenido el privilegio de ver a un estudio tan completo, práctico, e indiscutiblemente autorizada de todo el corpus de la literatura de la Tora referente a las Leyes de Noé.

Pirjei Shoshanim ha reunido un equipo de reconocidos estudiosos de la Tora para este proyecto, que con la ayuda de Di-s proporcionará un recurso halájico excepcional para el mundo rabínico, así como una guía práctica para la observancia Noajida y la creencia del mundo no judío.

Es un honor apoyar este excelente proyecto, que seguramente va a acelerar el día en que toda la humanidad proclamara el nombre de HaShem, como decimos tres veces al día en la oración Aleinu.

Que HaShem conceda al Rabino Todd y la Yeshiva Pirjei Shoshanim éxito continuo en todos sus emprendimientos.

Con bendiciones y máximo respeto,

Eliezer Raphoel (Lazer) Brody

MINISTER OF RELIGIOUS AFFAIRS.

ASSER OHANA

השר לעניייני דתות

אשר אוחנה

כ"ד, ל' אב תשס"כ

29 יולי 2002

רבני התפוצות היקרים ביום חגיכם, יום שבו אתם מקבלים הסמכה לרבנות.

מנהיגי קהילות יקרים שהניחו את הבלי העולם הזה ובאו לשקוד באוהלה של תורה ועמלו כדי לקבל הסמכה להורות את חוקי האלוקים ותורותיו.

עליכם נאמר בפרשת השבוע שקראנו, פרשת עקב: "ועתה ישראל מה ה' אלוקיך שואל מעמך כי אם ליראה את ה' אלוקיך ללכת בכל דרכיו ולאהבה אותו ... לשמור את מצוות ה' ואת חוקותיו"

הבסיס לשמירת המצוות הוא להאהיב שם שמיים על הציבור.

במעמד זה רוצה אני לחזק ידכם שתזכו לקדש שם שמים ותזכו לדון דין אמת לאמיתה של תורה ותראו בברכה בעמלכם ונזכה לביאת גואל צדק במהרה בימינו אמן!

בברכה,

אשר אוחנה

7 Kanfei Nesharim St., Jerusalem. 95464. Tel 02-5311070 Fax. 02-6513471 ▪ 02-6513471. פקס 02-5311070 .טל 13059 .ת.ד ,95464 ירושלים ,7 רח' כנפי נשרים

Rabbi Azriel Auerbach	**הרב עזריאל אוירבאך**
Rabbi of "Chaniche Hayeshivot"	רב בית הכנסת "חניכי הישיבות", בית וגן
53 Hapisga St., Bayit Vegan, Jerusalem	רח' הפסגה 53, בית וגן, ירושלים

בישוב כאלוא אלוא ליבוא ולהיות את הבחורון
והסר ליימר שלאים היים הימ שילי לבל שלוים
את לעורב הבולפ מ אמיטר ועיינ לשימ נגב הול
ולפ סת בבה שלוא ובלא ברורת ולישה שא
רבים גשובת נטשביר ויביא מילי שלאיים בגמ
עמיי ורבת ב גבולפה הטפמים של של לב ביימם
בשל הירבה תשמיב בטוס ובנפ.

לאוי המשמת לעולאו של המומגן הגל ראוי ולאלד
בשל ולקכו ולעומבי אמול.

ISRAEL MEIR LAU
Chief Rabbi of Israel
President of The Great Rabbinical Court

ישראל מאיר לאו
הרב הראשי לישראל
נשיא בית הדין הרבני הגדול

בס"ד, ט"ו תמוז, תשס"ב
25 יוני, 2002
רב"- סב.1055

לכבוד
הרב פישל טוד שליט"א
מנהל מכון "פרחי שושנים"
ליקווד, ניו ג'רסי.

השלום והברכה
מציון ומירושלים.

שמעו של מפעלכם המבורך הגיע אלי. שמחתי לשמוע כי עומדים אתם לסיים מחזור
לימודים בהלכות יורה דעה – עניני איסור והיתר, וכי מתעתדים אתם להביא את מסיימי
המחזור, לארץ ישראל, כדי שיבחנו לסמיכת חכמים להיתר הוראה על ידי רבניה.

לרגל בואכם לארץ ישראל, אני מנצל הזדמנות זו ושולח את ברכתי לרעיון זה.

הארץ נמצאת, בימים אלו, בתקופה קשה. כחלק מחוסננו לעמוד כנגד המופגעים, היא
הידיעה שיש לנו עורף חזק. החלטתכם לבוא לארץ, מבטאת את העובדה שהעם היהודי
ברחבי העולם, הוא חלק בלתי נפרד מהיישוב היהודי בארץ ישראל, ורואה את הארץ את ביתו.

ברבנות הראשית לישראל נערכות, מידי שנה בשנה, בחינות הסמכה. אלפי אברכים, בני
תורה, מכל הזרמים והגוונים, נבחנים במסגרת זו. בהזדמנות זו אני מציע לאברכים
האמורים לבוא ולהיבחן בארץ, להשתלב במבחני הרבנות הראשית. אנו נעזור לקיים את
הבחינה, בזמן הנוח להם.

יתן ה' ובזכות לימוד תורתנו הקדושה וקיום מצוותיה, יקוימו בנו כל הברכות האמורות
בתורה, ונזכה לחזות במהרה בבניין בית הבחירה, בהרמת קרן התורה, ובישועת ישראל
הקרובה.

מברככם בכל לב,
בברכת התורה,

ישראל מאיר לאו
הרב הראשי לישראל

YONA METZGER
Chief Rabbi Of Israel

יונה מצגר
הרב הראשי לישראל

בס"ד, י' תמוז, תשס"ד
29 יוני, 2004
תבי׳ 1420.סד

מכתב ברכה

באתי בשורות אלו לברך את כב' הרב שליט"א אשר למד ויגע ובי"ה נפש עמל עמלה לו שעתה נבחן על אשר למד ועמד בכור המבחן בהצלחה מרובה. עתה ב"ה הגיע לגומרה של תורה לקבלת תעודת "יורה יורה" כדת של תורה, וקיים בנפשו הכתוב "ושננתם - שיהיו דברי תורה מחודדין בפיך שאם ישאלך אדם אל תגמגם ותאמר לו".

לא נותר לי אלא לברכו מעומקא דליבא שכשם שזכה כב' ללמוד ולסיים בחינה זו, כן יזכה ללמוד ולסיים את שאר השו"ע ונושאי כליו ומסכתות רבות ותעביד אי"ה לאילנא רברבא בישראל לתפארת העם והארץ.

ברכה מיוחדת להרב **פישל טוד** שליט"א מנהל ומקים עולה של תורה בפרוייקט "**פרחי שושנים**" אשר נפשו איותה ויעש להגביר חיילים לאורייתא. חפץ ה' בידו יצלח להרבות ספסלים בבית המדרש ויהי ה' עמו להגדיל תורה ולהאדירה, בכבוד ובנועם דרכו אכי"ר.

הכוי"ח לכבוד התורה ולומדיה,

יונה מצגר
הרב הראשי לישראל

OVADIA YOSSEF

RISHON LEZION

AND PRESIDENT OF TORAH SAGES COUNSIL

עובדיה יוסף

הראשון לציון

ונשיא מועצת חכמי התורה

JERUSALEM _ירושלים_ י"ג אב תשס"ב

לכבוד תלמידי "מכון פרחי שושנים"
ארצות הברית
ה' עליהם יחיו

הנני מקדם בברכה את בואכם לארצינו הקדושה לטקס קבלת התעודות.
שמחתי לשמוע על המפעל היקר "מכון פרחי שושנים" אשר נוסד לקיים
שיעורי תורה בהלכה, ובמסגרתו הנכם קובעים עתים לתורה יום יום,
בלימוד ההלכה למעשה. ובע"ה זכיתם לסיים הלכות איסור והיתר, ונוצר
תאנה יאכל פריה.

יהי רצון שהחפץ ה' בידכם יצלח, ועוד תעלו מעלה מעלה בתורה וביראת
ה', לגאון ולתפארת, ברוב אושר ועושר, שובע שמחות וכל טוב. "יוסף
ה' עליכם ככם אלף פעמים, ויברך אתכם" בבריאות איתנה ונהורא
מעליא, אורך ימים ושנות חיים.

Tabla de Contenidos:

1. AGRADECIMIENTOS

Esta obra ha sido materializada gracias al gentil aporte nuestros alumnos. En especial a aquellos que procederé a mencionar a continuación:

Rav. Saul Wigoda Teitelbaum y su esposa la Rabanit Yael Wigoda

Mauricio Betancur y su esposa Angélica

Francisco Manuel Madrid Plata y Familia

Vladimir Rangel Martinez por el Merito de *Carla Guerrero Lozada e Yitzhak Rangel Guerrero*

Bernabe Aguilar y Familia

Agustin Borrego y Familia

Ana Aréchiga

Luisa Escobar

Mario Gonzalez Tamez

Que Hashem les bendiga a cada uno de ellos y que abra las puertas de la Parnasa, Refua y Tora para cada integrante de sus correspondientes familias.

Una Mención especial al *Rabino Avraham Israel Latapiat* y su esposa la *Rabanit Miryam Latapiat* por su incansable y desinteresada ayuda en la materialización de esta obra. Que HaKadosh Baruj Hu, le colme de bendiciones a el su familia y descendientes.

Por Ultimo quiero agradecer a la *Rabanit Yael Wigoda* que elaboro la traducción y edición de cada uno de los Salmos expuestos. Que Hashem Le siga dando ese amor y dedicación por el noble trabajo de la difusión de la Tora tanto para Am-Israel como para el resto de las naciones.

2. NOTA DEL AUTOR

Un ejemplo de gratitud es la de evitar tomar cualquier cosa que no nos pertenece. El Talmud (Bavli Berajot 35a) plantea una contradicción: un versículo de la Tanaj nos dice que todo lo de este mundo pertenece a Dios (Salmo 24:1), mientras que otro versículo nos dice que los cielos pertenecen a Dios, mientras que la Tierra fue dada al hombre (Salmo 115:16).

El Talmud resuelve esta aparente contradicción afirmando que antes de comer cualquier cosa uno debe dar gracias a Dios por su bondad, ya que, todo le pertenece a Él y sería un robo tomarlo antes. Después de expresar gracias a Dios, como recompensa uno es liberado y se nos permite disfrutar de ella. En pocas palabras, Dios nos está diciendo que no podemos tener la fruta hasta que decimos, "Gracias".

En relación a la efectividad de nuestro Rezo, el Likutey Moharan dice:

Debes saber! Por medio de la Torah son aceptados todas las plegarias y los pedidos por los cuales suplicamos y rezamos.

Y por medio de esto son aceptadas las plegarias y las suplicas pues el motivo principal por el cual no son aceptados los pedidos es que las palabras carecen de gracia y no penetran en el corazón de aquel a quien están dirigidas. Es como si no hubiese lugar en el corazón para que entren las palabras, pues al que pide le falta la gracia necesaria para que las palabras entren al corazón de aquel a quien le está pidiendo. Pero por medio de la Torah, A través de la cual se juntan y se unen el Num y la Jet, se produce JeN (Gracia). Es por esto que la Torah es llamada "iaalat JeN". La persona merece entonces que sus palabras sean palabras de gracia y de este modo sus palabras y pedidos son aceptados.

El Rebe Najman escribe esto para ayudar a mejorar la calidad de los rezos, y también busca dar una explicación a quienes sienten que sus plegarias no son respondidas. Pues en algún momento todo aquel que sirve a Dios experimenta la frustración expresada por el seguidor del Rebe. A veces la persona puede orar una y otra vez por algo especial y aun así no ver ningún resultado. A no ser que su confianza sea excepcional, inevitablemente comenzara a perder la fe. Como resultado disminuirá el esfuerzo para hacer plegarias. Por eso el Rebe Najman nos dice ¡Debes saber! Por medio de la Torah son aceptadas todas la plegarias y los pedidos por lo cuales suplicamos y oramos.

El rezo no está específicamente ordenado a un B'nei Noaj pero eso es sólo porque es el más evidente requisito del hombre. Ciertamente, podemos ver el episodio de Abraham y Avimelej (Génesis 20) para ver que la oración es muy importante para Abraham y sus descendientes, así como para todos los demás. En su visión a Avimelej, Dios le dice que devuelva a Sara a Abraham y posteriormente Abraham reza por la curación de Avimelej y su familia.

El Noajida puede rezar de acuerdo a lo que el sienta y tenga necesidad de expresar o pedir al Creador. Pero, sin embargo, un signo de la humildad del B'nei Noaj en nuestra generación, es que no esté dispuesto a componer sus propios rezos y, en cambio, desee a su vez, recitar las oraciones tradicionales compuestas por los Sabios Judíos. Esto se puede hacer con la condición de que tengan cuidado de no proferir falsedades. Por lo tanto, deben tener cuidado de no dar a entender que se les manda a hacer actividades que sólo a los Judíos se mandó hacer. Se debe tener cuidado de no hacer referencia a los patriarcas como sus padres, ya que, en la mayoría de los casos, probablemente no es.

Generalmente los rezos adecuados para el Noajida están basados en el libro de los Salmos. También es bueno aclarar que después de recitar de un libro de rezos dejar unos minutos para dirigirse al Eterno con sus propias palabras. El rezo debe ser entendido por cada persona, por eso se recomienda rezar en un idioma que pueda entender.

En resumen, todos los rezos que a continuación encontrara son una guía para que la persona se dirija a Dios, pero, de ninguna manera es la única forma de hacerlo, y tampoco es una obligación seguir este orden. Se recomienda partir con lo que sus fuerzas le permitan y de apoco ir creciendo en el rezo.

Rav. Naftali Espinoza
Director Programa Latino
Yeshiva Pirjei Shoshanim

3. REZO DIARIO

A. *AL LEVANTARSE EN LA MAÑANA*

Te agradezco, Rey viviente y eterno, que me has devuelto mi alma con amabilidad, grande es Tu fidelidad

Lavado de manos, sin bendición La única razón para que un Benei Noaj lave sus manos es por respeto a las oraciones. No hay una consecuencia espiritual. Cualquier método de lavado de manos es suficiente.

B. *ADON OLAM – MAESTRO DEL UNIVERSO*

El Señor del Universo, quien reinó antes de que nada fuera creado.

Cuando todo fue hecho por medio de su voluntad Fue reconocido como Rey.

Y cuando todo termine Él reverenciado reinará solo.

Él fue, es, y será en la gloria.

Y Él es uno, y no hay otro, que pueda compararse a Él, ni que se asocie a Él.

Sin principio, sin final y a Él pertenece dominio y el poder.

Y Él es mi Dios, y por siempre mi viviente Redentor. La fuerza de mi destino durante la aflicción,

Y Él es mi estandarte y mi refugio, la porción de mi copa en el día que lo invoco.

A Él encomiendo mi espíritu, cuando duermo y cuando despierto,

Y con mi alma, y también mi cuerpo, Dios está conmigo, yo no he de temer.

C. BENDICIONES MATUTINAS

Bendición del hombre que se formó con sabiduría... "Asher Yatzar"

Bendito eres Tú, Señor, nuestro Dios, Rey del Universo, Quién ha formado al hombre con la sabiduría y ha formado en él muchos orificios y cavidades. Se puso de manifiesto y conocido antes de su Glorioso Trono, que si uno solo de ellos se obstruyese o abriese no sería posible existir ni una sola hora.

Bendito eres Tú, Señor, que sana toda carne y realizar maravillas.

Mi Dios, el Alma... "Elohay Neshama"

Oh!, mi Dios, el alma que usted coloca dentro de Mi es pura. Tú la has creado, Tú la formaste, Tú la has insuflado en mí, y Tú la preservas en mi interior. Y Tú un día la tomaras de mí, pero me la devolverás en el tiempo por venir. En tanto que la el alma subsiste dentro de mí, voy a dar gracias a ti, Señor, mi Dios, Señor de todas las obras, Señor de todas las almas!

Bendito eres Tú, que devuelves las almas a los cuerpos muertos.

Bendiciones matinales

Bendito Eres Eterno, Dios nuestro, Rey del universo, que da al gallo discernimiento para distinguir entre el día y la noche.

Bendito Eres Eterno, Dios nuestro, Rey del universo, que devuelve la vista a los ciegos.

Bendito Eres Eterno, Dios nuestro, Rey del universo, que

viste a los desnudos.

Bendito Eres Eterno, Dios nuestro, Rey del universo, que libera a los cautivos.

Bendito Eres Eterno, Dios nuestro, Rey del universo, que endereza a los encorvados.

Bendito Eres Eterno, Dios nuestro, Rey del universo, que extiende la tierra sobre las aguas.

Bendito Eres Eterno, Dios nuestro, Rey del universo, que dirige los pasos del hombre.

Bendito Eres Eterno, Dios nuestro, Rey del universo, que viste a los desnudos.

Bendito Eres Eterno, Dios nuestro, Rey del universo, que corona de poder a Israel.

Bendito Eres Eterno, Dios nuestro, Rey del universo, que corona de gloria a Israel.

Bendito Eres Eterno, Dios nuestro, Rey del universo, que me ha provisto de todas mi necesidades.

Bendito Eres Eterno, Dios nuestro, Rey del universo, que infunde vigor al exhausto.

Bendito Eres Eterno, Dios nuestro, que disipa el sueño de mis ojos y el sopor de mis párpados.

D. SALMOS MATUTINOS

i) Baruj SheAmar – Bienaventurado el que Habló

Bienaventurado el que habló y el mundo vino a la existencia - bendito es Él.

Bienaventurado el que mantiene a la creación;

Bienaventurado el que habla y lo hace;

Bienaventurado el que decreta y cumple;

Dichoso el que se apiada de la tierra;

Bienaventurado el que tiene misericordia de los seres;

Bienaventurado el que da excelente recompensa para los que le temen;

Bienaventurado el que vive para siempre y que perdura hasta la eternidad;

Bienaventurado el que redime y rescata - bendito es su nombre!

Bendito eres Tú, Hashem, nuestro Dios, Rey del universo,

El Dios, el Padre misericordioso, que es alabado por boca de su pueblo,

Alabado y glorificado por la lengua de Sus queridos devotos y Sus siervos

Y a través de los salmos de David tu siervo.

Vamos a alabarte a Ti, Hashem, nuestro Dios, con alabanzas y cánticos.

Te exaltaremos, alabaremos y glorificaremos, mencionaremos Tu nombre

y proclamaremos tu reinado, nuestro Rey, nuestro Dios.

O Único, Dador de la vida de los mundos, Rey cuyo gran nombre es eternamente alabado y glorificado. Bendito eres Tú, Hashem, el Rey que es alabado con alabanzas.

ii) Salmo 145

Alabanza de David: Te exaltaré, mi Dios el Rey, y bendeciré Tu Nombre para siempre. Diariamente Te bendeciré, y alabaré Tu Nombre por siempre. Grande es el Eterno y sumamente engrandecido, y no hay límite para Su grandeza. De generación en generación loarán Tus obras, y el poderío de Tus acciones relataran. En la Magnificencia de Tu gloriosa majestad y de Tus maravillosas obras yo meditare. Del poderío de Tus actos imponentes ellos hablaran, y yo he de relatar Tu grandeza. Ellos expresarán el recuerdo de Tu inmensa bondad, y cantarán acerca de Tu rectitud. Bueno y lleno de gracia es el Eterno, lento para la ira y de abundante bondad. El Eterno es bondadoso con todos, y Sus misericordias se expanden sobre todas Sus obras. Eterno, todas Tus obras serán agradecidas y Tus varones justos Te bendecirán. Ellos hablaran sobre la gloria de Tu reino y acerca de Tu fuerza comentaran. Para mostrar a la humanidad Sus poderosos actos y la gloriosa majestad de Su reino. Tu reinas sobre todos los mundos y Tu dominio es por todas las generaciones. Sostiene Eterno a todos los caídos y endereza a todos los encorvados. Los ojos de todos te miran expectantes, y Tú les das su sustento a su debido momento. Abres Tu mano y satisfaces el deseo de todo lo viviente. Justo es Eterno en todas Sus sendas y misericordioso en todas Sus acciones. A su lado está el Eterno, para todos a quienes lo llaman, a todos que los buscan en verdad. El cumple el deseo de quienes le temen, sus gemidos El oye y los salva. El Eterno cuida de todos quienes lo aman y a todos los malvados destruirá. La alabanza del Eterno relatara mi boca y que toda carne bendecirá Su santo Nombre por siempre jamás.

iii) Salmo 146

Alabad a Dios, alaba al Eterno, alma mía. Cantaré al Eterno con mi alma; entonaré alabanzas a mi Dios con todo mi ser. No confíes en generosos benefactores, en hombre mortal, pues él no tiene la habilidad de salvar. Cuando su espíritu parte, él retorna a su tierra; en ese mismo día sus planes se tornan nulos. Afortunado aquel cuya ayuda es el Dios de Yaacov, cuya esperanza descansa sobre el Eterno, su Dios. El hace los cielos, la tierra, el mar y todo lo que hay en ellos; El mantiene fielmente Su promesa para siempre. El hace justicia con los oprimidos; El da pan a los hambrientos; Eterno desata a los cautivos. Eterno abre los ojos de los ciegos; Eterno endereza a los encorvados; Eterno ama a los justos. El Eterno cuida a los extranjeros; El da fuerza al huérfano y a la viuda; y El tuerce la senda de los inicuos. Reine el Señor para siempre; tu Dios, Tzión, a través de todas las generaciones. Alabad a Dios.

iv) Salmo 150

Alabad a Dios. Alabad a Dios en Su santidad, alabadlo en el firmamento de Su poder. Alabadlo por Sus poderosos actos; alabadlo conforme a Su abundante grandeza. Alabadlo con el son del shofar; alabadlo con arpa y lira. Alabadlo con pandero y danza; alabadlo con instrumentos de cuerda y flauta. Alabadlo con platillos resonantes; alabadlo con platillos altisonantes. Que todo ser que tiene alma alabe a Dios. Alabad a Dios.

v) Yishtabaj – *Alabado sea tu nombre por siempre*

Alabado sea tu nombre por siempre, Oh! Rey nuestro, el Dios grande, santo y Rey del cielo y la tierra. Para, a Ti, Oh! Señor, nuestro Dios, Y Dios de nuestros padres, es conveniente ofrecer canciones e himnos, salmos y alabanzas, a proclamar su fuerza y el poder, la eternidad, la grandeza y el poder, la fama y la gloria, la santidad y la realeza, y para expresar las bendiciones y gracias, a Tu nombre grande y sagrado, del mundo más elevado al más bajo.

Bendito eres Tú, Eterno, Dios todopoderoso y Gran Rey, que es grande en las alabanzas, Dios de nuestra acción de gracias, Creador de todas las Almas, soberano de todas las criaturas, que se deleita en los canticos de alabanza, Tu eres el único Rey, la vida de todos los mundos.

E. *El Shema*

Escucha, Israel: El Señor nuestro Dios, el Señor es uno. (Deuteronomio 6:4)

El siguiente párrafo se dice tradicionalmente en un susurro.

Bendito sea el nombre de la gloria de Su Reino por siempre jamás!

Amarás al Señor tu Dios con todo tu corazón, con toda tu alma con toda tu fuerza. Y estas palabras que Yo te ordeno hoy estarán sobre tu corazón. Las enseñarás a fondo a tus hijos, y hablarás de ellas al estar sentado en tu casa y al andar por el camino, al acostarte y al levantarte.

F. *El Salmo del Día*

i) *Domingo: Salmo 24*

Por David, un Salmo: Del Eterno es la tierra y cuanto ella contiene; el mundo y los que en él habitan. Porque sobre los mares El la fundó, y sobre los ríos la afirmó. ¿Quién podrá subir a la montaña del Eterno, y quién podrá estar en Su lugar santo? Aquel que tiene manos limpias y un corazón puro, que no haya usado Mi Nombre en vano ni jurado falsamente. Este recibirá una bendición del Eterno, y benevolencia de Dios, su salvador. Tal es la generación de quienes Lo buscan, [los hijos de] Yaacov que buscan Tu rostro siempre. Alzad, portales, vuestras cabezas, y sed alzadas, puertas eternas, para que el Rey glorioso pueda entrar. ¿Quién es el Rey glorioso? Eterno, fuerte y poderoso; El Eterno, poderoso en batalla. Alzad vuestras cabezas, portales; alzadlas, puertas eternas, para que el Rey glorioso pueda entrar. ¿Quién es el Rey glorioso? Eterno de las huestes, El es el Rey glorioso por toda la eternidad.

ii) Lunes: Salmo 48

Cántico. Salmo de los hijos de Koraj. Grande es el Eterno y enormemente alabado, en la ciudad de nuestro Dios, el monte de Su Santidad. De hermosos paisajes; la alegría de toda la tierra es el monte de Sión, en el lado norte de la ciudad del Rey grande. El Todopoderoso, en Sus palacios se dio a conocer como Protector. Pues he aquí que los reyes se unieron y avanzan juntos (para la guerra). Ellos vinieron, vieron, se sorprendieron, se asustaron y huyeron. Se apoderó de ellos un estremecimiento y los turbó el terror, como el de una mujer a punto de dar a luz. Con un viento del este quebrarás los navíos de Tarshísh. Conforme lo escuchamos, así lo hemos visto, en la ciudad del Eterno de los ejércitos, en la ciudad de nuestro Dios, el Todopoderoso la establecerá por siempre, eternamente. Nos imaginamos Juez Todopoderoso, Tu bondad dentro de Tu santuario. Como Tu nombre, Dios Juez Todopoderoso, así es Tu alabanza hasta los extremos confines de la tierra. Tu diestra está llena de rectitud. Que se alegre el monte de Sión, que se regocijen las hijas de Yehudá por causa de Tus leyes. Caminen alrededor de Sión, mírenla, rodéenla y cuenten sus torres. Pongan sus corazones en su fortaleza, caminen a través de sus palacios, para que puedan contárselo a las próximas generaciones. Porque ÉL es el Todopoderoso, nuestro único Dios para siempre, eternamente. ÉL nos guiará por toda la eternidad.

iii) Martes: Salmo 82

Salmo de Asaf: El Todopoderoso está presente en Su congregación divina; entre jueces ÉL juzgará. ¿Hasta cuándo juzgarán torcidamente, favoreciendo a los malvados siempre?. Hagan justicia con el pobre y el huérfano. Reivindiquen la causa del desamparado e indigente. Rescaten al menesteroso y al necesitado; de la mano de los malvados, sálvenlos. Ellos no saben ni entienden, en la oscuridad caminan. Hagan que se estremezcan todos los cimientos de la tierra. Yo he dicho: Jueces son ustedes, pero hijos del Supremo son todos. Sin embargo, al igual que Adám morirán, y aún como ministros caerán. Levántate oh Todopoderoso, juzga la tierra, pues Tú tienes el dominio sobre todos los pueblos.

iv) Miércoles: Salmo 94

Dios de las venganzas es el Eterno, Dios de las venganzas, manifiéstate. Enaltécete, Juez de la tierra y retribuye a los arrogantes lo que se merecen según sus acciones. ¿Hasta cuándo habrá malvados? ¡Oh Eterno! ¿Hasta cuándo los malvados gozarán? Si hasta cuando hablan, lo hacen con insolencia y con soberbia se jactan, todos los que cometen iniquidad. Tu pueblo oh Eterno, ha sido aniquilado y hacen sufrir a Tu heredad. A la viuda y al extranjero han matado, y a los huérfanos han asesinado. Ellos dicen: "Esto no lo verá su Creador y no lo entenderá el Dios de Yaacov". Comprendan ustedes, brutos de entre el pueblo y tercos, ¿cuándo van a entender? El que nos dio el oído, ¿acaso no oye?, o Quien creó el ojo, ¿acaso no habrá de ver?. El que instruye a las naciones, ¿acaso no las castigará?. Es ÉL quien enseñó al hombre sabiduría. El Eterno conoce los pensamientos de la persona; sabe que son vanidad. Venturoso es el hombre a quien lo reprende el Creador y de Su Tora (Ley) le enseña. Para darle tranquilidad en los días de adversidad, hasta que sea cavada la tumba del malvado. Pues no abandonará, el Eterno a Su pueblo, y a Su heredad (Israel) no desamparará. Porque el derecho y la justicia, volverán a prevalecer en los juicios y todos los rectos de corazón la seguirán. ¿Quién se levantará conmigo contra los malhechores? ¿Quién estará a mi lado contra los hacedores de maldad? De no ser por el Eterno quien me ayuda, en un instante estaría en la tumba mi alma. Si yo dijera que ha de tropezar mi pie, Tu bondad oh Eterno me socorrerá. Y mientras las preocupaciones invaden mi vida, Tus consuelos alegran mi alma. ¿Acaso se han de asociar el trono de perversos que fraguan la injusticia por encima de la ley? Estos se agrupan contra la vida del justo y con la sangre del inocente pretenden cobrarse. Pero fue para mí el Eterno una protección, y es mi Dios Todopoderoso, la fortaleza de mi refugio. Regresará ÉL sobre ellos y les retribuirá según su maldad, con la perversidad de ellos, con esa misma los aniquilará; los destruirá el Eterno, nuestro Dios.

v) Jueves: Salmo 81

Para el director sinfónico, sobre el guitit (instrumento musical) de Asaf. Canten al Todopoderoso de nuestra fuerza, entonen al Dios de Yaacov. Eleven cánticos y entonen con el sonido del pandero, el arpa y la melodiosa lira. Hagan sonar en la festividad, en luna nueva, el shofar (el cuerno del carnero), en el momento establecido. Porque es una ley para Israel, edicto del Dios de Yaacov. Lo dio como testimonio a Yosef, cuando fue nombrado vi-rey sobre la tierra de Egipto, en un lenguaje que no entendí. Quité de su espalda la pesada carga y del trabajo de servidumbre los aparté. En tu tribulación me llamaste y Te liberé, Te respondí oculto entre truenos y Te probé sobre las aguas de Meribá (aguas de pelea), para siempre. Escucha pueblo mío, y ante ti atestiguaré, Israel, ¡si tan solo me escucharas!. No debe haber ante ti un ídolo extraño, y no te inclinarás ante un dios ajeno. Yo soy el Eterno, tu Dios, el que te hizo subir de la tierra de Egipto; abre ampliamente tu boca y la llenaré. Pero no quiso Mi pueblo escuchar Mi voz. Israel no deseó saber nada de Mí. Y los dejé ir tras sus corazones obstinados, que transitaran con sus propias ideas. ¡Ojalá Mi pueblo Me hubiera escuchado y en Mis sendas Israel anduviera! En un solo instante sometería a sus enemigos y sobre sus adversarios volcaría Mi mano. Los que odian al Eterno lo adularían, pero su desgracia será para siempre. Pero a Israel con lo mejor del trigo lo alimentaría, y con miel de la roca los saciaría.

vi) Viernes: Salmo 33

Alégrense los justos con el Eterno, pues la alabanza es adecuada para los rectos. Agradezcan al Eterno con el arpa, alábenlo con el salterio de diez cuerdas. Cántenle un cántico nuevo, mejoren la melodía con sonidos jubilosos (del shofar). Porque la palabra del Eterno y todo lo que ÉL hace es con fidelidad. ÉL ama la rectitud y la justicia; la bondad del Eterno llena toda la tierra. Con la palabra del Eterno se hicieron los cielos, y con el aliento de Su boca todas las constelaciones. Reúne como en una gran represa las aguas del mar; guarda en bóvedas las aguas (de lluvia). Tema al Eterno toda la tierra, teman a ÉL todos los habitantes del universo. Porque ÉL dijo, y se cumplió; lo que ÉL ordenó, así permanece. El Eterno anuló los planes de las naciones. Privó los pensamientos de los pueblos. El plan del Eterno permanece para siempre, y los pensamientos de Su corazón de generación en generación. Venturosa es la nación cuyo Dios es el Eterno, el pueblo que ÉL escogió como suyo, para Su propia heredad. Desde los cielos observa el Eterno, mira a todos los hombres. Desde la sede de Su morada supervisa atentamente a todos los habitantes de la tierra. ÉL ve los corazones de todos y considera todo su accionar. No es el rey (carnal) salvado por un ejército grande; pues el poderoso no se salvará por su fortaleza. Vano es el caballo, para obtener la victoria, ni por su gran fuerza se salvará. He aquí que el ojo del Eterno está sobre los que le temen, sobre los que esperan en Su bondad. Para rescatar de la muerte sus vidas y para darles vida en medio de la hambruna. Nuestra alma añora al Eterno, nuestro auxilio y nuestro escudo es ÉL. Porque en ÉL se alegra nuestro corazón y en el Nombre de Su Santidad confiamos. Que sea Tu misericordia sobre nosotros ¡oh Eterno!, conforme hemos esperado en Ti.

vii) *Sábado: Salmo 92*

Salmo, cántico para el día de Shabat (sábado). Bueno es agradecer al Eterno, y cantar a Su nombre Altísimo. Relatando en la mañana Tu bondad y Tu fidelidad por las noches. Con el asór (instrumento de 10 cuerdas) y la lira, y a través de cantar con el arpa. Porque me alegraste oh Eterno con Tus obras, las acciones de Tus manos exaltaré. ¡Cuán grandes son Tus actos oh Eterno! Muy profundos Tus pensamientos. El necio no comprende y el insensato no entiende esto. Al brotar los malvados como hierba y cuando florecen todos los inicuos, es cuando más pueden ser exterminados eternamente. Pero Tú oh Eterno, estás siempre en lo Alto. Porque he aquí Tus enemigos, oh Eterno, porque he aquí que Tus enemigos desaparecerán. Serán esparcidos todos los que hacen la maldad. Y enalteciste mi fuerza como la de un toro y me ungiste con frescos aceites. Y mis ojos observan a quienes me acechan, a los que se levantan en mi contra, los malhechores; pero mis oídos escucharán su quebranto (su derrota). El justo ha de florecer como la palmera y como el cedro en el Líbano crecerá. Plantados (los justos) en la casa del Eterno, y en los patios de nuestro Dios florecerán. Y aún en su vejez darán frutos, frondosos y frescos estarán. Para declarar que es recto el Eterno, es mi fortaleza y no hay injusticia en ÉL.

4. Rezo antes de dormir

Bendito seas, Señor, nuestro Dios, Rey del universo, que hace que el sueño caiga sobre mis parpados, y lleva la vista a la pupila del ojo.

Sea Tu voluntad, Señor, Dios mío, que me acueste a dormir en paz y despiértame a una buena vida y en paz. Dame mi parte en Tu Tora de las Siete Leyes, que me ayude a ser observador tus leyes y no me permitas cometer transgresiones.

Ayúdame a no caer en pecado. Permite que la inclinación al bien me gobierne en vez de la inclinación al mal.

Líbrame de todo mal y de enfermedades graves.

No dejes que me asuste por los malos sueños o los malos pensamientos.

Que mis hijos sean perfectos delante de ti. Ilumina mis ojos para que no duerma el sueño de la muerte.

Bendito eres Tú, Señor, que ilumina al mundo entero con su gloria.

He aquí, ahora sé que no hay Dios en toda la tierra, sino que el de Israel.   (II Reyes 5:15)

Que duerma bien; Que despierte con misericordia.

El que habita en el abrigo oculto y supremo, bajo la sombra del Protector Altísimo permanecerá. Le diré al Eterno, eres mi protección y mi refugio, mi Dios Todopoderoso en Quien confío. Porque ÉL te salvará de una red tramposa, y de la peste mortal, con Sus alas te cubrirá y bajo ellas te resguardarás, pues escudo protector es Su verdad. No temas al terror de la noche, ni de la flecha lanzada en el día; ni a la peste que anda en la oscuridad, ni al destructor que asalta al mediodía. Miles caerán a tu lado y decenas de miles a tu derecha, mas a ti no se acercará. Con tus ojos verás y el castigo a los malvados presenciarás. Porque Tú Eterno eres mi refugio; Altísimo pusiste Tu morada. Allí ningún mal te sucederá, ni la enfermedad se acercará a tus tiendas. Porque a Sus ángeles te encomendará, para cuidarte en todos tus caminos. Ellos te cargarán en sus manos, para que tus pies no tropiecen contra una piedra. Sobre el león y la cobra (víbora) caminarás y pisotearás a sus leoncillos y sus serpientes. Y porque a Mí me ha amado, lo libraré y lo protegeré, porque conoció Mi Nombre. Me llamará y le responderé, con él estoy Yo en los momentos tristes, lo rescataré y lo honraré. De largos días (de vida) lo llenaré y le haré ver Mi salvación.

5. Bendiciones

BENDICIÓN ANTES DE COMER

Bendiciones sobre el Pan

1) Bendito eres Tu, Eterno, Dios nuestro, soberano del universo, que extrae el pan de la tierra.

Bendiciones sobre cualquier Grano o alimentos a base de cereales

Cualquier alimento hecho de trigo, cebada, centeno, avena, espelta o arroz que no es pan, recibe la siguiente bendición:

2) Bendito eres Tu, Eterno, Dios nuestro, soberano del universo, creador de varios tipos de sustancias.

Para el vino (incluyendo el jugo de uva)

El Tanaj alaba los productos de la uva, en muchos lugares, elevando el vino como la más destacada de todas las bebidas. Por esta razón, tenemos una bendición especial:

3) Bendito eres Tu, Eterno, Dios nuestro, soberano del universo, creador del fruto de la vid.

Los Frutos de los árboles

Esta es la bendición correcta para las manzanas, naranjas, peras, arándanos, ciruelas, melocotones, nectarinas, limones, pomelos, etc.

4) Bendito eres Tu, Eterno, Dios nuestro, soberano del universo, creador del fruto del árbol.

Los Frutos de la Tierra [Vegetales]

Esta bendición se haría sobre tomates, patatas, pimientos, brócoli, coliflor, fresas, melones y calabazas, berenjenas, etc.

5) Bendito eres Tu, Eterno, Dios nuestro, soberano del universo, creador del fruto de la tierra.

Para todos los demás alimentos y bebidas

Para todos los alimentos y bebidas que no requieren una de las bendiciones de arriba, se utiliza la siguiente bendición:

6) Bendito eres Tu, Eterno, Dios nuestro, soberano del universo, por cuyas palabras todas las cosas fueron hechas.

BENDICIÓN DESPUÉS DE COMER

7) Bendito sea el Dios del universo, de cuya generosidad hemos comido.

Para el director sinfónico con entonaciones: poesía cantada. El Todopoderoso nos dé Su gracia y nos bendiga, que nos ilumine con Su rostro eternamente. Para conocer en la tierra Tus caminos, y en todos los pueblos Tu salvación. Te agradecerán los pueblos, oh Todopoderoso, te loarán los pueblos todos. Se alegrarán y jubilosas cantarán las naciones todas, pues juzgarás a los pueblos con rectitud y guiarás a las naciones de la tierra eternamente. Te agradecerán los pueblos, oh Todopoderoso, te alabarán los pueblos todos. La tierra dio su fruto, nos bendecirá el Todopoderoso, nuestro Dios. Nos bendecirá el Todopoderoso y todos temerán a ÉL, todos los que habitan en los confines de la tierra.

BENDICIÓN SOBRE LOS AROMAS

Al Oler las especias (clavo, canela, nuez moscada, etc) o Inciensos Naturales:

8) Bienaventurado eres Tu, Eterno, Dios nuestro, Rey del universo, que creas tipos de especias.

Al Oler árboles fragante y sus flores

Esta bendición se dice sobre árboles o una flor con un tallo leñoso (es decir, las rosas):

9) Bendito eres Tu, Eterno, Dios nuestro, Rey del universo, que creas árboles fragantes.

Al Oler pastos fragantes, hierbas, y sus flores

Esta bendición se utilizaría al oler lemongrass, tulipanes u orquídeas:

10) Bendito eres Tu, Eterno, Dios nuestro, Rey del universo, que crea hierbas aromáticas.

Cuando huelen las frutas fragantes (es decir, un Etrog)

11) Bendito eres Tu, Eterno, Dios nuestro, Rey del universo, que da buen olor a las frutas.

BENDICIONES DE ALABANZA Y GRATITUD

Al ver un relámpago

12) Bendito eres Tu, Eterno, Dios nuestro, Rey del universo, que diseña el trabajo de la creación.

Al oír un trueno

13) Bendito eres Tu, Eterno, Dios nuestro, Rey del universo, cuyo poder y la fortaleza llena al mundo.

Al ver un Arcoíris

14) *Bendito eres Tu, Eterno, Dios nuestro, Rey del universo, que recuerda el pacto, es fiel a su pacto, y que cumple su palabra.*

Al ver el Océano

15) *Bendito eres Tu, Eterno, Dios nuestro, Rey del universo, que hace el gran mar.*

Al ver las cosas de inigualable belleza

16) *Bendito eres Tu, Eterno, Dios nuestro, Rey del universo, que tiene tan en su mundo.*

Al ver cosas extrañas y extravagantes

17) *Bendito eres Tu, Eterno, Dios nuestro, Rey del universo, que varía las formas de sus creaciones.*

Al ver a los árboles frutales floreciendo en la Primavera

18) *Bendito eres Tu, Eterno, Dios nuestro, Rey del universo, en cuyo mundo, no carece de nada, Él creó buenas criaturas y árboles, para el beneficio del hombre.*

Al ver una estudioso de Tora

19) *Bendito eres Tu, Eterno, Dios nuestro, Rey del universo, que ha repartido su sabiduría a los que le escuchan.*

Al ver a un sobresaliente Académico Secular

20) Bendito eres Tu, Eterno, Dios nuestro, Rey del universo, que ha dado de su sabiduría para la carne y la sangre.

Al ver a un Rey no judío

21) Bienaventurado es El que ha dado de su gloria a la carne y la sangre.

Al ver, por primera vez, un amigo que se ha recuperado de una enfermedad mortal

22) Bienaventurado el misericordioso, soberano del universo, que te ha dado a nosotros y no al polvo.

Por escuchar Buenas Noticias para uno mismo y otros Beneficios

23) Bienaventurado eres Tu, Eterno, Dios nuestro, Rey del universo, que es bueno y hace bien!

Al oír noticias extremadamente malas, como la muerte de una persona, o de noticias de una calamidad o Peste:

24) Bienaventurado el juez verdadero.

Si uno ha experimentado un milagro en un determinado lugar

25) Bendito eres Tu, Eterno, Dios nuestro, Rey del universo, que hizo un milagro para mí en este lugar.

6. Salmos para ocasiones especiales

SALMOS PARA OBTENER LA GUÍA DE DIOS

Salmo 16

Salmo áureo de David. Protégeme oh Dios porque me he refugiado en Ti. Le dije al Eterno: Tú eres mi Amo. No tengo más bien sino a través de Ti. En cuanto a los siervos piadosos que hay sobre la tierra, todo mi anhelo viene por el mérito de ellos. Aunque se multipliquen los ídolos de modo que se peleen entre ellos, sus ofrendas de sangre yo no vertiré, ni pronunciaré sus nombres con mis labios. ¡Oh Eterno! Tú eres la porción de mi destino y de mi copa. Tú sostienes mi suerte. Me tocaron regiones agradables; también tengo una excelsa herencia. Bendeciré al Eterno que me aconsejó, incluso aunque en las noches me remuerda mi conciencia. He puesto al Eterno siempre ante mí, porque estando a mi derecha yo no me derrumbaré. Por ello mi corazón se alegró y se regocija mi alma, también mi cuerpo vivirá con seguridad, pues Tú no abandonarás mi alma en el sepulcro, ni permitirás a Tu piadoso ver la tumba. Haz que yo conozca el camino de la vida, la plenitud de alegrías en Tu Presencia. A tu derecha por siempre la dicha eterna.

Salmo 19

Para el director del coro. Cántico de David. Los cielos declaran la gloria de Dios y la obra de Sus manos relata el firmamento. Día a día expresa la palabra y noche tras noche revela la sabiduría. No hay discurso, no hay palabras y no se escuchan sus voces. Pero por toda la tierra sale su pregonar y sus palabras se expanden hasta los extremos de la tierra, ÉL puso allí en el cielo, como en una tienda, el sol; el cual es como un novio que sale de su palio nupcial y se regocija como un hombre fuerte para recorrer su camino. Su salida es desde un extremo del cielo y su llegada es hasta el confín del cielo, y nada se puede esconder de su calor. Los mandatos del Eterno son perfectos y alegran el corazón. Sus ordenanzas son puras e iluminan los ojos. El temor del Eterno es sincero y perdura para siempre. Las leyes de Dios son verdad y absolutamente justas. Son más deseables que el oro, que el oro fino, puro y abundante. Y son más dulces que la miel y las gotas que chorrean de los panales. También es advertido Tu siervo que hay que iluminarse en ellas y cuidar su observancia, porque siguiendo la Ley hay gran retribución. Pero, ¿quién puede discernir los errores? De las faltas ocultas límpiame. Apártame de los pecados de soberbia, para que no me dominen. Entonces seré intachable y me limpiaré de grandes transgresiones. Sean aceptadas las palabras de mi boca y la meditación de mi corazón delante de Ti Eterno, mi Roca y mi Redentor.

SALMOS POR EL SUSTENTO.

Salmo 23

Cántico de David. El Eterno es mi pastor. Nada me faltará. En hermosas praderas me recostará, junto a aguas reposadas me guiará. Conforta mi alma. Me encamina por sendas de rectitud, por causa de Su Nombre. Aunque camine en el valle de la obscuridad, no temo mal alguno porque Tú estás conmigo. Tu vara y Tu cayado me infunden aliento. Preparas una mesa para mí ante la presencia de mis angustiadores. Unges mi cabeza con aceite, mi copa reboza. Ciertamente el bien y la bondad me perseguirán todos los días de mi vida y habitaré en la casa del Eterno por largos días.

Salmo 34

De David, cuando fingió (locura) frente Abimelej, que lo expulsó; y se fue. Bendeciré al Eterno a cada momento, Su alabanza está presente en mi boca. En el Eterno se regocijará mi alma. Los humildes oirán y se alegrarán. Engrandezcan al Eterno conmigo, exaltemos Su Nombre juntos. Busqué al Eterno y me respondió, y de todos mis miedos me rescató. Quienes Lo contemplaron, se iluminaron y sus rostros nunca serán avergonzados. Este pobre Lo llamó y el Eterno lo escuchó, y de todas sus angustias lo liberó. Posa el ángel del Eterno alrededor de los que Le temen y los salva. Considera y mira que es bueno el Eterno, venturoso el hombre que se refugia en ÉL. Teman al Eterno Sus santos, porque nada les falta a los que le temen. Leones (ricos) empobrecieron y sufrieron hambre, pero los que buscan al Eterno, no les faltará todo lo bueno. Vengan hijos, escúchenme; el temor al Eterno les enseñaré. ¿Quién es el hombre que anhela la vida, y que ama los días con bienestar? Guarda tu lengua de hablar mal y tus labios de engañar. Apártate del mal y haz el bien, busca la paz y persíguela. Los ojos del Eterno están sobre los justos, y Sus oídos escuchan su clamor. El rostro del Eterno está contra los que hacen el mal, para exterminar de la tierra su recuerdo. A los que claman al Eterno, ÉL les escucha, y de todos sus problemas los libera. Cercano está el Eterno a los de corazón destrozado, y a los de espíritu oprimido salva. Muchos son los sufrimientos del justo, y de todos ellos los salva el Eterno. Protege todos sus huesos, ni uno solo se le rompe. Matará al malvado su propia maldad, y los que odian al justo quedarán culpados y desolados. Redime el Eterno el alma de Sus siervos y no serán culpados ni se arrepentirán, todos los que se refugian en ÉL.

Salmo 36

Para el director sinfónico, del ciervo del Eterno, de David. Predica el transgresor en su interior la maldad, en cuyo corazón no hay temor al Todopoderoso, ni ante sus ojos. Pues todo es vano ante sus ojos, con su pecado se encuentra y luego es aborrecido. Las palabras de su boca son perversión y engaño, no tiene el raciocinio de hacer el bien. En la iniquidad pensará sobre su cama, andará sobre un camino que no es bueno y no detestará el mal. ¡Oh Eterno!, en los cielos está Tu bondad, hasta las alturas celestiales llega Tu fidelidad. Tu justicia es como las grandes montañas, Tus leyes tan profundas como el abismo. Al hombre y al animal Tú preservas ¡oh Eterno! ¡Cuán preciada es Tu bondad Todopoderoso! Y los hombres bajo la sombra de Tu protección se refugiarán. Son colmados de las riquezas de Tu casa y del río de Tus delicias les haces beber. Porque en Tí está la fuente de la vida y con Tu luz veremos luz. Das Tu bondad a los que te conocen, y otorgas Tu justicia a los rectos de corazón. Que no me pisotee el pie de la arrogancia y que no me lleven de la mano los malvados. Allá han caído, los practicantes de la iniquidad, fueron abatidos y no pueden levantarse.

SALMO PARA TENER ÉXITO

Salmo 57

Para el director del coro, una súplica (de no-destrucción). De David un salmo áureo (apreciado como el oro), cuando al huir de Saúl, se refugió en una cueva. Ten piedad de mí, ¡oh Todopoderoso!, ten misericordia de mí, pues en Tí se resguarda mi alma. Bajo las sombras de Tus alas me he de refugiar, hasta que pase el peligro. Clamaré al Todopoderoso Supremo, al Dios Altísimo que cumple Sus promesas para conmigo. Maniobrará desde los cielos y me salvará, para vergüenza de mi perseguidor, que quiere tragarme para siempre. El Todopoderoso me enviará Su bondad y Su verdad. Mi existencia está entre leones, acostada sobre brasas. Hombres que tienen dientes que son lanzas y saetas, y sus lenguas son una afilada espada. Elévate por sobre los cielos, oh Todopoderoso; pues por sobre toda la tierra estará Tu gloria. Tendieron una trampa bajo mis pies, sometida estaba mi alma; cavaron una fosa ante mí, pero ellos cayeron ahí dentro para siempre. Certeza hay en mi corazón, oh Todopoderoso, fir-

me mi corazón está, cantaré y entonaré alabanzas. Despiértate alma mía, despiértate al son de la lira y el arpa, que haré
despertar a la mañana. Te he de agradecer entre los pueblos,
oh Eterno, te entonaré cánticos entre las naciones. Porque
grande hasta los cielos es Tu misericordia, y hasta las alturas
celestiales llega Tu verdad. Sé Tú exaltado, oh Todopoderoso,
sobre los cielos, sobre toda la tierra estará Tu gloria.

SALMOS POR UN JUICIO FAVORABLE

Salmo 7

Cántico de David, que le cantó al Eterno en relación a Cush
el biniamita. ¡Oh Eterno, mi Dios! En Ti me refugié, sálvame
de todos los que me persiguen y libérame, para que no sea
desgarrada mi alma, como un león que la despedaza sin que
nadie la salve. ¡Oh Eterno, mi Dios! Si he hecho eso, si hay
maldad en mis manos, si he pagado al que me hizo mal de la
misma forma o he despojado a mi oponente hasta no dejarle
nada, entonces que mi opresor persiga mi alma, me alcance y
pisotee en la tierra mi vida, y mi honor lo ponga en el polvo
eternamente. ¡Levántate, oh Eterno, en Tu ira! ¡Álzate indignado contra mis perseguidores! Y haz que despierte para mí
el juicio que ordenaste. Y que se reúna la congregación de
todas las naciones alrededor Tuyo y que vuelvan hacia las alturas, hacia Ti Oh Eterno que haces justicia con los pueblos,
júzgame, oh Eterno de acuerdo a la rectitud y de acuerdo a
la integridad que hay en mí. Que el mal caiga en abundancia
sobre los malvados y que sea el justo firmemente establecido,
porque el Dios justo somete a prueba el corazón y los más
íntimos pensamientos. Mi escudo es del Todopoderoso, que
salva a los de corazón justo. El Eterno es un Juez justo y ÉL
se enfurece con los malvados cada día. Si no se arrepienten
de su maldad, ÉL afilará Su espada, tensará Su arco y lo afirmará. ÉL prepara contra el impío las armas de la muerte, sus

flechas contra los malvados ejercerá. He aquí que el inicuo fecundará iniquidad, concebirá perversidad y dará a luz la falsedad. Cavó un hoyo, lo ahondó y cayó en él, en el foso que él mismo hizo. Su perversidad caerá sobre su propia cabeza y su violencia bajará sobre su propio cráneo. Agradeceré al Eterno por Su justicia y cantaré alabanzas al Nombre del Todopoderoso Supremo.

Salmo 93

El Eterno ha reinado, de magnificencia se revistió, se ha vestido el Eterno, de fortaleza se ciñó. También estableció el universo, para que no se derrumbe. Desde entonces Su trono es firme. Pues desde siempre existes Tú. Alzaron los ríos, oh Eterno, alzaron los ríos su voz, levantarán los ríos sus torrentes. Aún más que el rugido de aguas torrenciales son estruendosas las olas del mar; pero más poderoso en la altura es el Eterno. Tus testimonios son la verdad suprema. Hermosura de santidad es Tu casa (Templo sagrado), ¡oh Eterno!, por largos días.

SALMOS PARA OBTENER AYUDA EN TIEMPOS DE NECESIDAD

Salmo 20

Para el director del coro. Canto de David. Que te responda el Eterno en el día de tu tribulación. Que te fortalezca el Nombre del Dios de Yaacov. Que te mande ayuda desde el Santuario y desde Sión te socorrerá. ÉL recordará todas tus ofrendas y aceptará con favor tus sacrificios por siempre. Te dará conforme a tu corazón pide y cumplirá todos tus propósitos. Con júbilo cantaremos Tu salvación, y en el Nombre de Dios levantaremos nuestros estandartes. Cumplirá el Eterno prontamente tus peticiones. Ahora si sé que el Eterno salvó a Su ungido; y desde la santidad de Sus cielos le responde, con el poder salvador de Su mano derecha. Algunos confían en sus carros de guerra, y otros en sus caballos, pero nosotros solo el Nombre del Eterno nuestro Dios Todopoderoso mencionaremos. Ellos se han doblado y han caído, pero nosotros nos levantamos y nos reanimamos firmemente. ¡Oh Eterno salva!. Respóndenos oh Rey el día en que te invoquemos.

Salmo 25

De David. Hacia Ti ¡oh Eterno!, elevaré mi alma. Dios mío en Ti he confié, no me defraudes, que no se alegren mis enemigos por mí. Sí, todos los que tienen esperanza en Ti, no sean avergonzados, que se avergüencen los que traicionan sin motivo. Enséñame Tus caminos oh Eterno, tus senderos muéstrame. Condúceme en Tu verdad y enséñame, pues Tú eres el Dios de mi salvación y en Ti sentí esperanza todo el día. Acuérdate de Tu piedad, Eterno, y de tu benevolencia que desde siempre han estado. De los pecados de mi juventud y de mis transgresiones no te acuerdes; solo conforme a Tu benevolencia recuérdame, por causa de Tu bondad ¡oh Eterno!. Bueno y recto es el Eterno, por lo tanto instruirá hacia Su camino, a los pecadores. Encamina a los humildes en la justicia y enseña Su camino a los modestos. Todos los caminos del Eterno son bondad y verdad, para los que protegen Su pacto y Su testimonio. A causa de Tu Gran Nombre ¡oh Eterno!, perdona mi pecado que es inmenso. ¿Quién es el hombre que le guarda temor al Eterno? Es al que le enseñará el camino que debe escoger. Su alma en bien reposará, y su progenie heredará la tierra. El secreto del Eterno se revelará a quienes Le temen y Su pacto es para hacerles conocer (Su voluntad). Mis ojos se dirigen siempre al Eterno, pues ÉL sacará mis pies de la trampa. Dirígete a mí y ten benevolencia para conmigo, pues solitario y pobre estoy. Los sufrimientos de mi corazón se han agrandado, ¡líbrame de mis angustias!. Mira mi pobreza y sufrimiento, y perdona todas mis transgresiones. Mira a mis enemigos que aumentaron y con odio cruel me aborrecen. Protege mi alma y sálvame, que no sea yo avergonzado, ya que confío en Ti Integridad y rectitud me cuidarán, porque tuve esperanza en Ti Redime ¡oh Todopoderoso! a Israel de todos sus sufrimientos.

SALMO POR EL RESCATE

Salmo 124

Cántico de ascensiones de David. "De no ser porque el Eterno estuvo con nosotros", dirá ahora Israel, "si no hubiese estado el Eterno con nosotros, cuando se levantaron sobre nosotros los hombres, nos habrían devorado vivos cuando su furia se encendió contra nosotros. Las corrientes de agua nos habrían arrastrado, el torrente habría pasado sobre nuestras almas. Entonces sobre nosotros, habrían pasado las soberbias aguas. Bendito es el Eterno, que no nos entregó como presa entre sus dientes. Nuestra alma fue como un pájaro que escapó de la jaula de los cazadores, la trampa se rompió y nosotros escapamos. Nuestra ayuda está en el Nombre del Eterno, Creador de los cielos y la tierra.

SALMO PARA AGRADECER UN MILAGRO

Salmo 18

Para el director del coro, del ciervo del Eterno, de David que le dijo al Eterno las palabras de esta canción el día en que lo salvó el Eterno de la palma de todos sus enemigos y de la mano de Saúl. Y dijo: Te amo, oh Eterno, mi Fuerza. El Eterno es mi Roca, mi Fortaleza, mi Liberador, mi Dios Todopoderoso, mi Creador, en ÉL me refugio, mi Protector y la Fuerza de mi salvación, mi Alta Torre. Con elogios invocaré al Eterno y seré salvado de mis opresores. Las acechanzas de la muerte me rodearon, torrentes de hombres de Belial (sin Ley) me horrorizaron. Me rodearon los dolores del sepulcro. Me enfrentaron las trampas de la muerte. En mi aflicción invoqué al Eterno y a mi Dios Todopoderoso clamé. Desde Su Santuario escuchó mi voz, y mi súplica llegó ante ÉL a sus oídos. Luego la tierra se agitó y tembló y también las bases de las montañas se estremecieron porque ÉL se enfureció. Subió humo de las ventanas de Su nariz, y fuego de Su boca consumirá, brasas ardieron de ÉL. Inclinó los cielos y bajó, pero nubes espesas habían bajo Sus pies. Montó sobre un querubín y voló, planeó sobre las alas del viento. Hizo de las tinieblas Su escondite, obscuridad de aguas y de nubes celestiales. Por el resplandor de Su presencia, pasando por las espesas nubes, descargando granizo y brasas de fuego. E hizo tronar el cielo el Eterno. El Altísimo hizo escuchar Su voz: granizo y brasas de fuego. Y disparó Sus flechas esparciéndolas, descargó relámpagos en abundancia y los asustó. Aparecieron los cauces de las aguas y las bases del universo quedaron expuestas a causa de Tu reprimenda oh Eterno, por el respiro del viento de Tu nariz. Envió desde lo alto, me tomó y me trasladó en aguas abundantes. Me salvó de mi enemigo poderoso, y de los que me odian, quienes eran demasiado fuertes contra mí. Se me enfrentaron en el día de mi desgracia, pero el Eterno era un apoyo para mí. Y me sacó a la amplitud, me liberó porque me quiso a mí. Me retribuyó el Eterno conforme a mi rectitud. Acorde a la pureza de mis manos me retribuyó. Por cuanto he seguido los caminos del Eterno y no he transgredido los preceptos de mi Dios Todopoderoso. Porque todos Sus edictos están ante mí y no aparté de mí Sus estatutos. Y yo fui íntegro con ÉL y me cuido de cometer pecados. Por ello el Eterno me ha recompensado conforme a mi rectitud y por la pureza de mis manos ante Sus ojos. Con los piadosos, Tú eres misericordioso, con el hombre recto, Tú te muestras con integridad, con el puro Tú te comportas con pureza y con el perverso te comportas retorcidamente. Porque Tú a un pueblo débil salvas, pero a los ojos altaneros Tú los humillas. Porque Tú enciendes mi vela, el Eterno mi Dios Todopoderoso alumbra mi oscuridad. Porque contigo arrincono regimientos y por mi Dios escalo murallas. En cuanto a ÉL, íntegro es en todos Sus caminos, la palabra del Eterno es pulcra. Es un escudo protector para todos los que se refugian en ÉL. Porque, ¿quién es poderoso fuera del Eterno? Y, ¿quién es una roca fuerte aparte de nuestro Dios? El Todopoderoso que me infunde fortaleza y endereza mi camino. Pone mis pies firmes, como una gacela, y me hace parar sobre mis alturas. Instruye mis manos para la guerra, de modo que mis brazos doblan el arco de bronce. Y me otorgaste Tu escudo de salvación, Tu mano derecha me protegerá y Tu humildad me engrandecerá. Ampliarás mi paso debajo de mí y no tropezaron mis pies. Perseguí a mis enemigos y los alcancé y no regresaré hasta haberlos acabado. Los quebré de tal manera que no puedan levantarse, cayeron bajo mis pies. Y me ceñiste de fuerza para la guerra, sometiendo debajo mío a los que se levantaron en mi contra. Hiciste que mis enemigos me dieran la espalda (su retirada), y yo corté a los que me odiaban. Clamaron, pero no había nadie que les salvara, suplicaban al Eterno, pero ÉL no les respondía. Entonces los trituré como polvo ante el viento, y los tiré como el fango a las calles. Sálvame de las contiendas del pueblo, hazme cabeza de las naciones y también pueblos que no conocía, me servirán. Al escuchar de mí, me obedecen. Los hijos del extranjero se estremecen ante mí. Los hijos del extranjero se desvanecen del miedo y salen temblando de sus escondites. Viva el Eterno, bendito es mi Creador y enaltecido sea el Dios Todopoderoso de mi salvación. El Dios que toma venganza por mí y subyuga a los pueblos debajo de mí. Me libras de mis opresores, también por sobre mis rivales me levantas y me rescatas del hombre violento. Por eso te alabaré entre las naciones ¡oh Eterno! Y a Tu Nombre entonaré canciones de alegría. Gran salvación da ÉL a Su rey y hace bondad a Su ungido, a David y a su simiente para siempre hasta la eternidad.

SALMOS PARA OBTENER RESPETO

Salmo 51

Para el director del coro. Salmo de David. Al venir a él, el profeta Natán, después de que él se acercó a Batsheva (en forma pecaminosa). Apiádate de mí, Dios mío, según Tu benevolencia, conforme a la magnitud de Tu gran compasión, borra mis fechorías. Lávame completamente de mi pecado y purifícame de todas mis faltas. Porque conozco bien mis transgresiones y mi iniquidad está siempre frente a mí. Contra Ti solamente pequé, e hice el mal ante Tus ojos. Y serás justo en Tu dictaminar, con mérito juzgarás. De cierto es, que con pecado fui engendrado y con pecado me concibió mi madre. Ciertamente deseas que la verdad more en lo más íntimo de mi ser, y en lo más oculto de la inteligencia, me harás saber. Límpiame con un hisopo y me purificaré; lávame y más blanco que la nieve quedaré. Hazme escuchar alegría y júbilo, para que se alegren los huesos que castigaste. Oculta Tu rostro de mis faltas, y elimina todas mis iniquidades. Un corazón puro crea dentro de mí ¡Dios mío! Y un espíritu inmutable renueva en mi interior. No me lances de Tu presencia y el espíritu de Tu santidad no lo elimines de mí. Devuélveme el júbilo de Tu salvación y con generoso espíritu apóyame. Enseñaré con mi ejemplo, Tu camino a los impíos, así los malhechores hacia Tí retornarán. Líbrame de los pecados de sangre, Dios mío, Dios de mi salvación y cantará mi lengua Tus benevolencias. Eterno abre mis labios (al perdonarme) y mi boca contará Tus alabanzas. Ya que no deseas que te dé un sacrificio, no te complaces en la ofrenda que se consume. Los sacrificios apreciados del Todopoderoso son un espíritu quebrantado, un corazón partido y abatido, ¡oh Dios mío!, no lo depreciarás. Favorece con Tu voluntad a Sión, y construye las murallas de Jerusalén. Entonces te serán gratas las ofrendas de rectitud, las ofrendas totales (que se consumen con el fuego), para entonces se ofrecerán, novillos sobre Tu altar.

Salmo 90

Plegaria de Moshé hombre del Todopoderoso. Eterno, Tú eres nuestra protección de generación en generación. Aún antes de que las montañas nacieran y crearas la tierra y el universo; desde siempre y por siempre, Tú eres el Todopoderoso. Reduces al ser humano hasta la contrición y dices: "Retornen (a hacer el bien) hijos del hombre". Porque mil años ante Tus ojos, son como el día de ayer, que ya pasó, o como una vigilia en la noche. Como corriente de agua que fluye (es la vida), como un sueño será; por la mañana, como la hierba cambiará. En la mañana surge y florece, al anochecer se marchita, y quedará seca. Por cuanto nos consumimos en Tu ira y con Tu furia quedamos perturbados. Colocaste nuestras oprobiosas acciones en frente de Tí y nuestras oscuras faltas a la luz de Tu rostro. Porque todos nuestros días pasan rápido ante Tu enojo; transcurren nuestros años como un suspiro. Los años de nuestra vida son setenta, y si se tiene fuerzas, ochenta años, pero en su mayoría son esfuerzo y vanidad, de pronto se cortan rápidamente, y nos vamos volando. ¿Quién puede conocer la fuerza de Tu ira? Y como nuestro temor a Ti, así es Tu enojo de difícil. Enséñanos pues a contar nuestros escasos días y podamos tener un corazón con sabiduría. ¡Vuelve oh Eterno! ¿Hasta cuándo esperaremos? ¡Ten piedad de Tus siervos!. Llénanos en la mañana de Tu bondad y felices cantaremos y nos alegraremos en todos nuestros días. Danos regocijo conforme a los días de nuestra aflicción, por todos los años que vimos el mal. Que sean observadas por Tus siervos todas Tus obras, y Tu majestuosidad sea vista sobre sus hijos. Y que sea la gracia del Eterno, nuestro Dios sobre nosotros, y la acción de nuestras manos establece sobre nosotros. ¡Haz prosperar la obra de nuestras manos!

SALMOS PARA ENCONTRAR ESPOSO(A)

Salmo 32

De David. Una enseñanza. Venturoso es aquél cuya fechoría es perdonada y cuya falta está cubierta. Venturoso es aquél a quien el Eterno no atribuye pecado y en cuyo espíritu no hay engaño. Cuando hice silencio, mis huesos se desgastaron de tristeza y gemí todo el día. Porque día y noche pesa sobre mí Tu mano. Se convirtió mi manantial en resequedad de verano por siempre. Mi transgresión te di a conocer, no encubrí mi falta. Dije, confesaré mis pecados al Eterno, y Tú perdonaste mis fechorías para siempre. Sobre esto, todo devoto deberá orar a Ti, en el momento en que pueda encontrar Tu Presencia. Porque cuando lleguen las aguas torrenciales desbordantes, a él no lo alcanzarán. Tú eres mi refugio; del adversario me preservas. Con cánticos de salvación me rodearás permanentemente. Te instruiré y te mostraré la senda por la que debes caminar. Con mis ojos sobre ti, te lo insinuaré. No seas como el caballo o la mula, que no entienden, que al ponerles el cabestrillo con las bridas y el freno, hay que sujetarlo, para que no se acerquen a ti. Muchas son las penas del malvado, pero el que confía en el Eterno, la bondad le rodeará constantemente. Alégrense con el Eterno, deléitense con ÉL los justos, y canten con júbilo todos los que son de corazón recto.

Salmo 38

Un salmo de David para recordar. ¡Oh Eterno!, no me reprendas con Tu enojo, ni con Tu furia me castigues. Pues Tus flechas me penetraron y ha caído sobre mí el golpe de Tu mano. No hay en mi cuerpo un lugar que esté completo, a causa de Tu enojo; no hay paz en mis huesos por culpa de mis pecados. Porque mis iniquidades sobrepasaron mi cabeza y son una carga más pesada que yo. Se infectaron, están putrefactas mis heridas por causa de mi insensatez. Me torcí, me humillé en gran manera, todo el día estoy de duelo y encorvado caminé. Mis caderas se llenaron de debilidad y no hay en mi cuerpo ni un lugar sano. Estoy débil y deprimido por mucho y rugen los gemidos de mi corazón. ¡Oh Eterno!, ante Ti está toda mi ambición y mis suspiros no Te son ocultos. Mi corazón se agita, me ha abandonado mi fuerza, y la luz de mis ojos ya no está conmigo. Mis seres queridos y mis amigos, guardan distancia frente a mi calamidad, y mis parientes permanecen lejos. Me tendieron trampas los que buscan mi vida, hablaron infamias de mí los que procuran mi mal, y engaños tramaron todo el día. Pero yo como un sordo, no escucho y soy como un mudo, que no abre su boca. Y seré como un hombre que no oye y que no tiene en su boca respuestas. Porque en Ti ¡oh Eterno!, pongo mi esperanza. Tú responderás Eterno, mi Dios Todopoderoso. Pues he dicho: No vaya a ser que se rían a causa mía, y que al resbalar mi pie hagan burlas de mí. Pues yo estoy listo para caer en colapso y el dolor es constante en mí. Porque he de confesar mi pecado y me angustio por mi iniquidad. Mis enemigos vivos abundan y los que me odian sin motivo aumentan. Y me acechan quienes pagan con mal a cambio del bien, por haber perseguido yo lo que es bueno. No me abandones ¡oh Eterno, Dios mío!, no te alejes de mí. Date prisa en ayudarme, ¡oh Eterno, mi Salvador!

SALMO PARA EL DÍA DEL MATRIMONIO

Salmo 19

Para el director del coro. Cántico de David. Los cielos declaran la gloria de Dios y la obra de Sus manos relata el firmamento. Día a día expresa la palabra y noche tras noche revela la sabiduría. No hay discurso, no hay palabras y no se escuchan sus voces. Pero por toda la tierra sale su pregonar y sus palabras se expanden hasta los extremos de la tierra,

ÉL puso allí en el cielo, como en una tienda, el sol; el cual es como un novio que sale de su palio nupcial y se regocija como un hombre fuerte para recorrer su camino. Su salida es desde un extremo del cielo y su llegada es hasta el confín del cielo, y nada se puede esconder de su calor. Los mandatos del Eterno son perfectos y alegran el corazón. Sus ordenanzas son puras e iluminan los ojos. El temor del Eterno es sincero y perdura para siempre. Las leyes de Dios son verdad y absolutamente justas. Son más deseables que el oro, que el oro fino, puro y abundante. Y son más dulces que la miel y las gotas que chorrean de los panales. También es advertido Tu siervo que hay que iluminarse en ellas y cuidar su observancia, porque siguiendo la Ley hay gran retribución. Pero, ¿quién puede discernir los errores? De las faltas ocultas límpiame. Apártame de los pecados de soberbia, para que no me dominen. Entonces seré intachable y me limpiaré de grandes transgresiones. Sean aceptadas las palabras de mi boca y la meditación de mi corazón delante de Ti Eterno, mi Roca y mi Redentor.

SALMOS PARA TENER HIJOS

Salmo 102

Plegaria del afligido, cuando desfallece y descarga su pena delante del Eterno. ¡Oh Eterno!, escucha mi súplica y que mi clamor llegue hasta Ti. No escondas Tu rostro de mí, en el día de mi sufrimiento. Inclina tu oído hacia mí, y en el día en que Te llame respóndeme pronto. Porque mis días se esfuman y mis huesos como las brasas se ennegrecieron. Mi corazón fue cortado como la hierba y se secó, pues he olvidado comer mi pan. A causa de suspirar tanto, se han pegado los huesos a mi carne. Parezco la lechuza del desierto, me he convertido en un búho de las ruinas. Estoy en vigilia y he sido como un pájaro solitario en el tejado. Mis enemigos me humillan todo el día y conjuran contra mí los burladores. Pues comí cenizas como si fuera pan, y las bebidas con mis lágrimas mezclé. A causa de Tu enojo y Tu ira, primero me levantaste y después me tiraste. Mis días son como la sombra que cae y yo como la hierba me estoy marchitando. Pero Tú oh Eterno, para siempre permanecerás y Tu Nombre estará presente de generación en generación. Tú te levantarás y te compadecerás de Sión, pues ya llegó el momento de ser benévolo con ella. Porque Tus servidores aman las piedras de Sión y en su polvo se agracian. Y temerán todos los pueblos al Nombre del Eterno y todos los reyes de la tierra temerán Tu gloria. Porque construyó el Eterno a Sión y en ella aparecerá con toda Su gloria. Tomó en consideración la plegaria del desvalido, y no despreció sus súplicas. Que esto sea escrito para la última generación futura, y al pueblo que creó; alabará al Eterno. Porque observó desde lo alto de Su santidad, el Eterno, miró a la tierra desde el cielo. Para escuchar la súplica del prisionero, para liberar a los hijos de la muerte. Para que en Sión se hable del nombre del Eterno y sea alabado en Jerusalén. Y todo esto será cuando se reúnan los pueblos todos, junto a los reinados, para servir al Eterno. Y ÉL debilitó mi fuerza en el camino y acortó mis días. Y diré yo: Dios mío, no me lleves de aquí en medio de mis días, Tú, cuyos años son de generación en generación. Desde antaño estableciste la tierra y los cielos son las obras de Tus manos. Todos ellos desaparecerán, pero Tú perdurarás, todos son como un paño desgastado, tal como la ropa los cambiarás y desaparecerán. Pero Tú eres eterno y tus años nunca terminarán. Mas los hijos de Tus servidores vivirán seguros, y su descendencia ante Ti quedará establecida.

Salmo 103

De David. Bendice alma mía al Eterno, y todo mi ser Su santo nombre. Bendice mi alma al Eterno y no olvides todos Sus favores. ÉL, que perdona todos tus pecados y ÉL que cura todas tus enfermedades. ÉL que te redime de la tumba y te llena de bondad y de misericordia. ÉL que te satisface con todo lo mejor para tu boca, para que te renueves como al águila, la fuerza de tu juventud. Hacedor de rectitudes es el Eterno, y ejerce justicia para todos los oprimidos. Enseñó Sus caminos a Moisés y Sus obras a los hijos de Israel. Clemente y compasivo es el Eterno, lento para la ira y abundante en bondad. No será para siempre hostil, y no estará resentido eternamente. No actuó con nosotros, conforme a nuestros pecados, ni nos retribuyó de acuerdo a nuestra faltas. Sino que así como es la infinitud del cielo sobre la tierra, así crece su bondad sobre Sus temerosos. Pues así como se distancia el este del oeste, así hizo alejar de nosotros nuestras fechorías. Como se apiada un padre sobre sus hijos, se apiadó el Eterno de los que Le temen. Porque ÉL conoce nuestra materialidad, sabe que del polvo venimos. En cuanto al hombre, sus días son como la hierba, y como la flor del campo ha de florecer. Pero tal como el viento, si una enfermedad pasa sobre él y desaparece; del lugar donde estuvo ya no se sabe más. Pero la bondad del Eterno es desde siempre y para siempre sobre Sus siervos, y Su rectitud es para con los hijos de los hijos. Y, en todos los que cuidan Su pacto y a los que cuidan Sus mandatos para cumplirlos. El Eterno en el cielo estableció Su trono y Su reinado impera sobre todo. Bendigan al Eterno todas Sus obras, en todos los dominios de Su imperio. Bendice alma mía al Eterno.

SALMO PARA EL MOMENTO DEL PARTO

Salmo 20

Para el director del coro. Canto de David. Que te responda el Eterno en el día de tu tribulación. Que te fortalezca el Nombre del Dios de Yaacov. Que te mande ayuda desde el Santuario y desde Sión te socorrerá. ÉL recordará todas tus ofrendas y aceptará con favor tus sacrificios por siempre. Te dará conforme a tu corazón pide y cumplirá todos tus propósitos. Con júbilo cantaremos Tu salvación, y en el Nombre de Dios levantaremos nuestros estandartes. Cumplirá el Eterno prontamente tus peticiones. Ahora si sé que el Eterno salvó a Su ungido; y desde la santidad de Sus cielos le responde, con el poder salvador de Su mano derecha. Algunos confían en sus carros de guerra, y otros en sus caballos, pero nosotros solo el Nombre del Eterno nuestro Dios Todopoderoso mencionaremos. Ellos se han doblado y han caído, pero nosotros nos levantamos y nos reanimamos firmemente. ¡Oh Eterno salva!. Respóndenos oh Rey el día en que te invoquemos.

SALMOS PARA LA SANACIÓN DE UN ENFERMO

Salmo 6

Para el director del coro con entonación de cuerdas. Sobre la octava, canto de David: ¡Oh Eterno!, no me reprendas con tu ira, ni me reproches con tu indignación. Tenme compasión porque débil soy. Cúrame ¡Oh Eterno! Porque se estremecen mis huesos. Y mi alma está muy perturbada. ¿Hasta cuándo, oh Eterno? ¡Retorna oh Eterno, libera mi alma!, sálvame por causa de Tu bondad. Pues en la muerte, no existe Tu recuerdo; en la tumba ¿quién te puede alabar?. Me cansé de llorar, todas las noches mi cama flota. Empapo mi lecho con mis lágrimas. Mis ojos están turbios de tanto llorar. Se han envejecido por causa de mis opresores. Apártense de mí, todos los que me hacen iniquidad, porque el Eterno ha escuchado la voz de mi llanto. Escuchó el Eterno mis súplicas y mi oración tomará. Todos mis enemigos se avergonzarán y se estremecerán. Regresarán y serán súbitamente avergonzados.

Salmo 30

Un Salmo poético dedicado a la inauguración del Templo Sagrado de David. Te enalteceré ¡oh Eterno!, porque Tú me has levantado y no alegraste a mis enemigos por mi causa. ¡Oh Eterno, mi Dios Todopoderoso! Clamé a Ti y Tú me curaste. ¡Oh Eterno! Tú sacaste mi alma de la tumba. Me mantuviste con vida, para no descender a la fosa. Entonen melodías al Eterno, ustedes Sus devotos siervos y agradezcan el recuerdo de Su Santidad. Porque Su furia solo dura un instante y la vida depende de Su voluntad. El llanto durará por toda una noche, pero a la mañana el júbilo vendrá. En mi sosiego yo dije: nunca me derrumbaré. ¡Oh Eterno!, con Tu voluntad estableciste que mi montaña sería una fortaleza. Pero ocultaste Tu rostro y yo estuve acongojado. A Ti ¡oh Eterno! invocaré y al Eterno suplicaré. ¿Qué ganancia hay con mi sangre, en mi descenso a la sepultura? ¿Acaso te alabará el polvo? ¿Proclamará Tu verdad? Escucha ¡oh Eterno!, y concédeme Tu misericordia. ¡Oh Eterno!, sé Tú Quien me socorre. Transformaste mi dolor en regocijo, desataste mi saco y me ceñiste de alegría. Para que te alabe el honor (el alma) y no enmudezca, ¡oh Eterno, Dios mío!, por siempre te agradeceré.

SALMO PARA EXPRESAR GRATITUD

Salmo 21

Para el director del coro. Cántico de David. ¡Oh Eterno!, con Tu fortaleza se alegrará el rey, y en Tu salvación se gloría en gran manera. Le otorgaste el deseo de su corazón y no le quitaste por siempre, la petición de sus labios. Saliste a su encuentro con bendiciones de bien y colocas sobre su cabeza una corona de oro fino. Él te pidió vida a Ti y Tú le diste largura de días, por siempre eternamente. Grande es el honor de él debido a Tu salvación. Esplendor y majestuosidad depositas sobre él. Pues colocas sobre él bendiciones para siempre; y le concedes goces con gran regocijo de Tu Presencia. Pues el rey confía en el Eterno y en la bondad del Altísimo. No será desmoronado. Tu mano encontrará a todos tus opresores. Tu derecha abatirá a todos los que te odian. Los pondrás como en horno de fuego en el momento de tu enojo; en su ira el Eterno los tragará, y el fuego los consumirá. El fruto de su esfuerzo destruirá de la tierra, y también su progenie de entre los hijos de los hombres. Porque tramaron la maldad contra Ti, un plan perverso que no prevalecerá. Les haces dar la espalda. Preparas cuerda, arco y flechas dirigiéndolas hacia sus caras. Enaltécete oh Eterno por Tu fuerza. Y te alabaremos y entonaremos cánticos a todas Tus proezas.

SALMO POR LA PAZ

Salmo 46

Para el director sinfónico. De los hijos de Koraj. Sobre el alamot (instrumento musical). Cántico. El Todopoderoso es para nosotros refugio y fortaleza, en ÉL encontraremos nuestro gran auxilio, en los momentos de angustia. Por eso no temeremos a los terremotos, ni al desmoronarse las montañas en medio de los mares, aunque se conmuevan y hagan espuma sus aguas, y se estremezcan los montes en su furia eternamente. Existe un río cuyas corrientes son el deleite de la ciudad del Todopoderoso, en la santidad de las moradas supremas. El Todopoderoso está en medio de ella para que no tiemble; la ha de socorrer el Todopoderoso al levantar la mañana. Los pueblos se agitaron, los reinados cayeron; ÉL profirió con Su voz y la tierra se desmoronó. El Eterno de los ejércitos está con nosotros, nuestra protección es el Dios de Yaacov eternamente. Ven y observa las obras del Eterno, que ha desolado la tierra. Detiene las batallas hasta los confines de la tierra, rompe los arcos, quiebra las lanzas y quema al fuego los carros de guerra. Desistan, y sepan que Yo soy el Todopoderoso, Seré exaltado. Yo domino sobre los pueblos, Yo domino sobre la tierra. El Eterno de los ejércitos está con nosotros, es nuestra protección; el Dios de Yaacov por siempre.

SALMO PARA CUANDO LA TIERRA DE ISRAEL ESTÁ EN PELIGRO

Salmo 83

Canción. Salmo de Asaf. Oh Todopoderoso, no estés silencioso, no Te mantengas inmóvil y no estés callado, ¡oh Dios!. Pues he aquí que Tus enemigos están alborotados y los que Te aborrecen levantan su cabeza. Se confabulan contra Tu pueblo y en secreto toman consejo contra Tus atesorados. Han dicho: Vayan, extermínenlos de entre las naciones y así no será más recordado el nombre de Israel. Por cuanto hicieron un acuerdo en conjunto y han hecho una alianza contra Ti. Los de las tiendas de Edom y los Ishmaelitas, Moab y los Hagaritas; Gueval, Amón y Amalek; Filistea y los habitantes de Tzor. También Asiria se les unió y fueron el brazo fuerte de los hijos de Lot, por siempre. Hazles a ellos como le hiciste a Midián, como a Siserá, como a Yabín en el río de Kishón. A quienes aniquilaste en En-Dor y los hiciste como estiércol para la tierra. Haz a sus nobles como a Orev (cuervo) y como a Zeev (lobo)-príncipes de Midián- y como a Zévaj (matanza) y como a Tzalmuná (estatuilla)- reyes de Midián- así hazle a todos sus príncipes. A todos los que dijeron: "Tomemos por posesión para nosotros las hermosas moradas del Todopoderoso". Oh Dios mío, hazlos como el polvo del remolino, como paja ante el viento. Como el fuego que quema el bosque y como las llamas que incendian las montañas. Así, persíguelos con Tu tempestad y aterrorízalos con Tu tormenta. Llena sus rostros de vergüenza, y que busquen Tu nombre, oh Eterno. Se avergonzarán y se atemorizarán hasta la eternidad; serán humillados y se perderán. Y entonces reconocerán que Tú, cuyo nombre es el Eterno, eres Único, Supremo sobre toda la tierra.

SALMO POR UN VIAJE SEGURO

Salmo 91

El que habita en el abrigo oculto y supremo, bajo la sombra del Protector Altísimo permanecerá. Le diré al Eterno, eres mi protección y mi refugio, mi Dios Todopoderoso en Quien confío. Porque ÉL te salvará de una red tramposa, y de la peste mortal, con Sus alas te cubrirá y bajo ellas te resguardarás, pues escudo protector es Su verdad. No temas al terror de la noche, ni de la flecha lanzada en el día; ni a la peste que anda en la oscuridad, ni al destructor que asalta al mediodía. Miles caerán a tu lado y decenas de miles a tu derecha, mas a ti no se acercará. Con tus ojos verás y el castigo a los malvados presenciarás. Porque Tú Eterno eres mi refugio; Altísimo pusiste Tu morada. Allí ningún mal te sucederá, ni la enfermedad se acercará a tus tiendas. Porque a Sus ángeles te encomendará, para cuidarte en todos tus caminos. Ellos te cargarán en sus manos, para que tus pies no tropiecen contra una piedra. Sobre el león y la cobra (víbora) caminarás y pisotearás a sus leoncillos y sus serpientes. Y porque a Mí me ha amado, lo libraré y lo protegeré, porque conoció Mi Nombre. Me llamará y le responderé, con él estoy Yo en los momentos tristes, lo rescataré y lo honraré. De largos días (de vida) lo llenaré y le haré ver Mi salvación.

SALMOS POR UN FAMILIAR MUERTO

Salmo 33

Alégrense los justos con el Eterno, pues la alabanza es adecuada para los rectos. Agradezcan al Eterno con el arpa, alábenlo con el salterio de diez cuerdas. Cántenle un cántico nuevo, mejoren la melodía con sonidos jubilosos (del shofar). Porque la palabra del Eterno y todo lo que ÉL hace es con fidelidad. ÉL ama la rectitud y la justicia; la bondad del Eterno llena toda la tierra. Con la palabra del Eterno se hicieron los cielos, y con el aliento de Su boca todas las constelaciones. Reúne como en una gran represa las aguas del mar; guarda en bóvedas las aguas (de lluvia). Tema al Eterno toda la tierra, teman a ÉL todos los habitantes del universo. Porque ÉL dijo, y se cumplió; lo que ÉL ordenó, así permanece. El Eterno anuló los planes de las naciones. Privó los pensamientos de los pueblos. El plan del Eterno permanece para siempre, y los pensamientos de Su corazón de generación en generación. Venturosa es la nación cuyo Dios es el Eterno, el pueblo que ÉL escogió como suyo, para Su propia heredad. Desde los cielos observa el Eterno, mira a todos los hombres. Desde la sede de Su morada supervisa atentamente a todos los habitantes de la tierra. ÉL ve los corazones de todos y considera todo su accionar. No es el rey (carnal) salvado por un ejército grande; pues el poderoso no se salvará por su fortaleza. Vano es el caballo, para obtener la victoria, ni por su gran fuerza se salvará. He aquí que el ojo del Eterno está sobre los que le temen, sobre los que esperan en Su bondad. Para rescatar de la muerte sus vidas y para darles vida en medio de la hambruna. Nuestra alma añora al Eterno, nuestro auxilio y nuestro escudo es ÉL. Porque en ÉL se alegra nuestro corazón y en el Nombre de Su Santidad confiamos. Que sea Tu misericordia sobre nosotros ¡oh Eterno!, conforme hemos esperado en Tí.

Salmo 119 (las letras que corresponden al nombre)

א -Alef: Dichosos aquellos de camino íntegro, que marchan por la senda de la Tora de Eterno. Bienaventurados quienes guardan Sus testimonios y Lo buscan con corazón entero. No han cometido iniquidad; transitan Sus caminos. Tú has ordenado Tus preceptos para ser observados con diligencia. Mi deseo es que mis sendas sean guiadas para observar Tus estatutos. Entonces no me avergonzaré, al contemplar todos Tus mandamientos. Te daré gracias con la rectitud del corazón, cuando estudio Tus justos juicios. Guardaré Tus estatutos; no me abandones por completo.

ב-Bet: ¿Cómo puede mantener puro su sendero un hombre joven? Cuidando Tu palabra. Con todo mi corazón Te he buscado; no permitas que descarríe de Tus mandamientos. He albergado Tu palabra en mi corazón, para no pecar contra Ti Bendito eres Tú, Eterno; enséñame Tus estatutos. Con mis labios he narrado todos los fallos de Tu boca. En el sendero de Tus testimonios me he regocijado, como con toda riqueza. Hablaré de Tus preceptos, y contemplaré Tus caminos. Me complaceré en Tus estatutos; no olvidaré Tu palabra.

ג-Guimel: Trata con benevolencia a Tu servidor, para que yo pueda vivir y guardar Tu palabra. Quita el velo de mis ojos, para que pueda contemplar los portentos de Tu Tora. Forastero soy sobre la tierra; no ocultes Tus mandamientos de mí. Mi alma se consume con el anhelo que continuamente tiene por Tus juicios. Tú has reprendido a los malditos mofadores, aquellos que descarrían de Tus mandamientos. Quita de mí la vergüenza y el desprecio, pues he guardado Tus testimonios. Aun cuando los líderes se han sentado y hablado en mi contra, Tu servidor habla de Tus estatutos. Tus testimonios son también mi deleite; son mis consejeros.

ד-Dalet: Mi alma se une al polvo; revíveme conforme Tu palabra. He hablado de mis caminos, y Tú me respondiste; enséñame Tus estatutos. Permíteme entender el camino de Tus preceptos, y hablaré de Tus maravillas. Mi alma se derrite de aflicción; sostenme conforme Tu palabra. Aparta de mí el camino de la falsedad, y confiéreme con gracia Tu Tora. He elegido el sendero de la fe; Tus fallos he puesto ante mí. Me he aferrado a Tus testimonios, Eterno; no me pongas para bochorno. Déjame correr el camino de Tus mandamientos, pues expande mi corazón.

ה-Hei: Enséñame, Eterno, el camino de Tus estatutos, y lo guardaré cabalmente. Concédeme entendimiento y atesoraré Tu Tora; la observaré con todo mi corazón. Guíame por el camino de Tus mandamientos, pues eso deseo. Inclina mi corazón a Tus testimonios, y no a la ganancia injusta. Desvía mis ojos de contemplar vanidad; otórgame vida en Tu camino. Confirma Tu palabra a Tu servidor, la que conduce al temor a Ti Elimina mi vergüenza, a la que temo, pues Tus juicios son buenos. Por cierto, Tus preceptos he anhelado; otórgame vida en Tu rectitud.

ו-Vav: Y haz que Tu bondad venga a mí, Eterno, y Tus promesas de salvación. A quien me insulta contestaré, pues confío en Tu palabra. No quites por completo la palabra de verdad de mi boca, pues [cumplir] Tus fallos espero. Guardaré Tu Tora continuamente, por siempre, hasta la eternidad. Y caminaré en prosperidad, pues busco Tus preceptos. También hablaré de Tus testimonios ante reyes, y no sentiré vergüenza. Me deleitaré en Tus mandamientos, que amo. También alzaré mis manos a Tus mandamientos, que he amado, y hablaré de Tus estatutos.

ז-Zain: Recuerda la palabra dicha a Tu servidor, con la que me has brindado esperanza. Este es mi consuelo en mi aflicción, pues Tu palabra me ha revivido. Los mofadores se han burlado de mí ampliamente, mas de Tu Tora no me he apartado. Cuando recuerdo Tus fallos de antaño, Eterno, me consuelo. El horror me ha sobrecogido a causa de los inicuos que abandonan Tu Tora. Tus estatutos han sido mis cánticos en la casa en que moro. Tu Nombre he recordado, Eterno, de noche, y guardaré Tu Tora.

ח/Jet: Esta fue mi suerte, porque cuidé Tus preceptos. Eterno es mi porción; prometí observar Tus palabras. Tu semblante procuré con todo mi corazón; apiádate de mí conforme Tu palabra. He meditado acerca de mis caminos, y volví mis pies a Tus testimonios. Me apresuré, sin demorar, a guardar Tus mandamientos. Pandillas de malvados me han robado, yo no he olvidado Tu Tora. En la medianoche me levanto para agradecerte en razón de Tus justos juicios. Compañero soy de todos los que Te temen, y de quienes guardan Tus preceptos. Tu bondad, Eterno, colma la tierra; enséñame Tus estatutos.

ט-Tet: Bien has obrado con Tu servidor, Eterno, como Tu promesa. Enséñame buen discernimiento y conocimiento, pues creo en Tus mandamientos. Antes me sentía afligido, erré, pero ahora observo Tu palabra. Tú eres bueno, y haces el bien; enséñame Tus estatutos. Los mofadores me han mancillado con una mentira, mas yo guardaré Tus preceptos con todo mi corazón. El corazón de ellos creció tosco como grasa, mas yo me deleito en Tu Torá. Es bueno para mí que haya sido afligido, a fin de que aprenda Tus estatutos. Prefiero la Torá de Tu boca a miles de monedas de oro y plata.

י-Yud: Tus manos me han hecho y modelado; concédeme entendimiento, a fin de que aprenda Tus mandamientos. Quienes Te temen me verán y se regocijarán, porque Tu palabra he esperado. Sé, Eterno, que Tus juicios son justos; correctamente me has castigado. Sea Tu bondad la que me consuela, según Tu promesa a Tu servidor. Haz que vengan a mí Tus misericordias, para que pueda vivir, pues Tu Torá es mi deleite. Que los mofadores se avergüencen, pues falsamente me han difamado con culpabilidad; yo meditaré acerca de Tus preceptos. Que quienes Te temen vuelvan a mí, y aquellos que han conocido Tus testimonios. Sea mi corazón íntegro en Tus estatutos, para que no sea avergonzado.

כ-Jaf: Mi alma desfallece por Tu salvación; ansío Tu promesa. Mis ojos se consumen de anhelo por [el cumplimiento de] Tu promesa, diciendo: "¿Cuándo me reconfortarás?" Aunque llegué a ser como un odre en el humo, no olvidé Tus estatutos. ¿Cuántos son los días de Tu servidor? ¿Cuándo ejecutarás juicio sobre mis perseguidores? Los mofadores han cavado fosas para mí, en contradicción con Tu Torá. Tus mandamientos son todos fidedignos. Con falsedad, ellos me persiguen; ayúdame. Ellos casi me han consumido sobre la tierra, mas yo no abandoné Tus preceptos. Como cuadra a Tu bondad, otórgame vida; yo cuidaré el testimonio de Tu boca.

ל-Lamed: Por siempre, Eterno, Tu palabra se alza en los cielos. Tu fidelidad perdura para todas las generaciones; Tú has establecido la tierra, y ésta se alza firme. Para [cumplir] Tus fallos se alzan hoy, pues todos son Tus servidores. De no ser porque Tu Tora ha sido mi deleite, habría perecido en mi aflicción. Jamás olvidaré Tus preceptos; es por causa de ellos que has mantenido mi vida. Soy Tuyo, sálvame, pues Tus preceptos he procurado. Los inicuos me han acechado para destruirme, mas yo meditaré en Tus testimonios. He visto un fin a cada objetivo; Tu mandamiento, [en cambio,] es enormemente amplio.

מ-Mem: ¡Cuánto amo Tu Tora! Es el tema de mi habla el día entero. Tus mandamientos me hacen más sabio que mis enemigos, pues siempre están conmigo. De todos mis maestros he ganado sabiduría, pues Tus testimonios son el tema de mi discurso. Mi comprensión [sobrepasará] a los ancianos, porque he guardado Tus preceptos. He vedado mis pies de cada camino de mal, a fin de cuidar Tu palabra. No me he desviado de Tus fallos, pues Tú me has instruido. ¡Cuán dulces resultan Tus palabras a mi paladar, más que miel a mi boca! Mediante Tus preceptos obtengo comprensión, por eso odio todo camino de falsedad.

נ-Nun: Tu palabra es una lámpara a mis pies y una luz en mi senda. He jurado, y lo cumpliré, guardar Tus justos juicios. Fui excesivamente afligido; otórgame vida, Eterno, conforme Tu promesa. Acepta favorablemente, Eterno, las ofrendas de mi boca, y enséñame Tus juicios. Mi alma está continuamente en peligro; aún así, no he olvidado Tu Tora. Los malvados me han tendido una trampa; no obstante, no he descarriado de Tus preceptos. Tus testimonios he tomado como un patrimonio eterno; son el regocijo de mi corazón. He inclinado mi corazón para ejecutar Tus estatutos por siempre, hasta el último.

ס-Samej: Odio los pensamientos vanos, mas amo Tu Tora. Tú eres mi sitio oculto y mi escudo, Tu promesa anhelo. Malhechores, apartaos de mí, pues guardaré los mandamientos de mi Dios. Apóyame conforme Tu promesa, y viviré; no permitas que sea avergonzado a causa de mi esperanza. Sostenme, y seré salvado; y continuamente hablaré de Tus estatutos. Tú has pisoteado a todos los que han descarriado de Tus estatutos, pues sus ardides son falsedad. Has purgado todos los malvados de la tierra como escoria, por eso amo Tus testimonios. Mi carne tiembla por miedo a Ti, de Tus fallos temí.

ע-Ayin: Justicia y rectitud he hecho; no me dejes a mis opresores. Garantiza bondad a Tu servidor; no permitas que los malvados me despojen. Mis ojos desfallecen anhelando Tu salvación, y la palabra de Tu rectitud. Trata a Tu servidor conforme Tu bondad, enséñame Tus estatutos. Soy Tu servidor; otórgame entendimiento, para que conozca Tus testimonios. Es hora de actuar por Eterno; ellos han derogado Tu Tora. En consecuencia, amo Tus mandamientos más que al oro; más que el oro refinado. Por lo tanto, estimo la validez de todos Tus preceptos; he odiado todo camino falaz.

פ-Pei: Tus testimonios son maravillosos, por eso mi alma los observa. El despliegue de Tus palabras provee luz; brinda entendimiento al simple. Mi boca he abierto y tragué, porque anhelo Tus mandamientos. Vuélvete a mí y sé gracioso conmigo, como cuadra a quienes aman Tu Nombre. Dispón mis pasos en Tu palabra, que ninguna iniquidad tenga dominio sobre mí. Sálvame de la opresión del hombre, y guardaré Tus preceptos. Haz brillar Tu semblante hacia Tu servidor, enséñame Tus estatutos. Ríos de agua caen de mis ojos, porque ellos no cuidan Tu Tora.

צ-Tzadik: Justo eres Tú, Eterno, y rectos son Tus fallos. Has ordenado Tus testimonios en justicia y en gran fidelidad. Mi celo me consume, porque mis enemigos han olvidado Tus palabras. Tu palabra es muy pura, y Tu servidor la ama. Joven soy y despreciado, aún así, no olvido Tus preceptos. Tu rectitud es rectitud eterna, y Tu Tora es verdad. Me encontraron la opresión y la angustia, mas Tus mandamientos son mis delicias. Tus testimonios son justos por siempre; bríndame entendimiento y viviré.

ק-Kof: Clamo con todo mi corazón; respóndeme, Eterno; Tus estatutos guardaré. Te he llamado; sálvame y observaré Tus testimonios. Me levanto antes del amanecer, y suplico; mi esperanza está en Tu palabra. Mis ojos preceden a las vigías de la noche, a fin de hablar de Tus palabras. Escucha mi voz de acuerdo a Tu bondad; Eterno, tal como es Tu modo, concédeme vida. Quienes persiguen el agravio se aproximan; está lejos de Tu Tora. Tú estás cerca, Eterno, y todos Tus mandamientos son verdad. De antaño he conocido Tus testimonios, pues los has fundado para todos los tiempos.

ר-Reish: Advierte mi aflicción y sálvame, pues no he olvidado Tu Tora. Libra mi batalla y redímeme; concédeme vida en aras de Tu palabra. Distante de los malvados está la salvación; ellos no procuran Tus estatutos. Tus misericordias son abundantes, Eterno; concédeme vida, como es Tu hábito. Mis perseguidores y enemigos son muchos, mas de Tus testimonios no me aparté. Percibo infractores, y reñí [con ellos], porque no guardan Tus palabras. Mira cómo amo Tus preceptos; bríndame vida, Eterno, conforme Tu bondad. El inicio de Tu palabra es verdad; todos Tus rectos juicios son eternos.

ש-Shin: Príncipes me han perseguido sin causa, pero es a Tu palabra que mi corazón teme. Me regocijo en Tu palabra, como quien halla gran botín. Odio y aborrezco la falsedad, mas Tu Tora amo. Siete veces al día Te alabo a causa de Tus rectos juicios. Quienes aman Tu Tora tienen abundante paz; y no hay para ellos tropiezo. Tu salvación he esperado, Eterno; Tus mandamientos he practicado. Mi alma ha cuidado

Tus testimonios, y los amo enormemente. He observado Tus preceptos y Tus testimonios, pues todos mis caminos están ante Ti

ת-Tav: Acérquese mi cántico a Tu presencia, Eterno; otórgame entendimiento conforme Tu palabra. Haz que mi súplica venga a Ti; sálvame de acuerdo a Tu promesa. Mis labios pronunciarán alabanza, pues Tú me has enseñado Tus estatutos. Mi lengua se hará eco de Tu palabra, pues todos Tus mandamientos son justicia. Que Tu mano me provea asistencia, pues he escogido Tus preceptos. Anhelo Tu salvación, Eterno, y Tu Tora es mi delicia. Permite que mi alma viva, y Te loará; que Tu juicio me asista. He descarriado como una oveja perdida; busca a Tu servidor, pues no he olvidado Tus mandamientos.

7. LOS 13 PRINCIPIOS DE FE

1. Estoy completamente convencido que Dios es Uno y Único, Creador de todo y Presente siempre, Él solo creó, hace y hará todo lo que sustenta el universo.

2. Estoy completamente convencido que Dios es Uno y Único, sempiterno, no hay nadie ni nada que se le asemeje; Él es la única deidad.

3. Estoy completamente convencido que Dios no posee materia, ni tiene partes o elementos, nada físico lo afecta, ni hay imagen/figura/forma que Lo represente.

4. Estoy completamente convencido que Dios es primero y último.

5. Estoy completamente convencido que sólo Dios es digno de ser adorado, nada ni nadie más merece adoración.

6. Estoy completamente convencido que todas las palabras de los profetas del Tanaj son verdaderas.

7. Estoy completamente convencido que la profecía de Moshé Rabeinu es verdadera, que él es el principal de los profetas, no hubo ni habrá otro de su nivel profético.

8. Estoy completamente convencido que toda la Tora que está en nuestras manos es la que le fue entregada a Moshé. (Donde dice "en nuestras manos", debería decir el gentil "que está en manos de Israel").

9. Estoy completamente convencido que ésta Tora no será ni en un ápice modificada ni cambiada por otra, ni Dios revelará otra Tora.

10. Estoy completamente convencido que Dios conoce todos los pensamientos y actos de los humanos.

11. Estoy completamente convencido que Dios imparte

el Bien con Justicia, retribuyendo con estricta justicia, premiando y castigando, de acuerdo a los actos.

12. Estoy completamente convencido que vendrá el Mashiaj / Mesías, y aunque se retrase igual lo esperaré a diario.

13. Estoy completamente convencido que habrá resurrección de los muertos cuando Dios así lo disponga, y entonces Él será conocido por todos a perpetuidad.

8. LEYES SOBRE EL REZO Y LAS BENDICIONES

LA OBLIGACIÓN DE REZAR

En el judaísmo, existe la oración en dos niveles: la oración comunitaria preestablecida y la oración espontánea personal. Las oraciones comunales preestablecidas requieren reunir judíos para rezar tres veces al día mirando hacia el este en dirección a Jerusalén. Estas oraciones no son oraciones personales, pero se fijan oraciones con textos específicos rezando en nombre de la comunidad judía. Estas oraciones se establecieron en el lugar de los sacrificios diarios que tres veces que se ofrecían en el templo. La oración personal, sin embargo, es espontánea y se puede decir en cualquier idioma, con cualquier palabra, y en cualquier momento que uno desea.

Ambas formas de oración son requeridas y esperadas por Dios para el pueblo judío.

¿Qué pasa con los Noajidas?

Ni el Talmud ni el Rambam señalan al Rezo como una obligación para el Noajida.

Al menos una autoridad antes, sin embargo, reconoció tal obligación. Rav Shmuel ben Jofni Gaon, en su comentario a la Tora[1], enumera la oración como una de las obligaciones ampliadas de las leyes de Noé.

Un contemporáneo de Rav Shmuel ben Jofni Gaon, Rabeinu Nissim Gaon, no enumera la oración como una obliga-

---

1. Comentario al Génesis 34:12. El comentario de Tora Jofni fue completamente olvidado hasta su redescubrimiento en el geniza de Cairo. Incluso parece haber sido en gran parte desconocidoo para los contemporáneos de Rav Shmuel. Originalmente en árabe, no se tradujo y se publicó hasta 1978.

ción, sino que lo señala de la siguiente forma[2]:

No todas las Siete Leyes y sus derivaciones requieren revelación. Por ejemplo - la obligación de reconocer a Dios, obedecerle, y la obligación de servirle - todas los cuales son racionales y se pueden derivar lógicamente.

El término hebreo utilizado por Rabeinu Nissim para servir a Dios, le-Avdo, suele entenderse como una referencia específica a la oración. Es posible, sin embargo, que Rabeinu Nissim está usando el término le-Avdo en su sentido más general, es decir, simplemente para servir. Sin embargo, la impresión general producida por el paso es un concepto fiel tanto al pensamiento Judío como el del Noajida: **que estamos obligados a observar muchos de los principios por la fuerza de la lógica y de la razón por sí sola, sin ningún tipo de revelación específica.**

Por ejemplo, los judíos tienen la obligación de hacer las bendiciones antes y después de comer y beber. El Talmud [3]explica que el origen de esta obligación es la lógica en lugar de la revelación.

Del mismo modo, la obligación del Noajida para orar no es procedente de alguna derivación textual particular, más bien tiene sus raíces en la razón.

Curiosamente, sin embargo, no se menciona en los escritos del Rambam [Maimónides] o en el texto de las leyes de Noé[4] del Rama Mi-Fanu[5]. Esta Omisión es extraña teniendo en cuenta que la oración no-judía se señala muchas veces en el Tanaj (Tora y escrituras). Por ejemplo:

2. Introducción al tratado de Brajot.
3. Brajot 35a.
4. La lista del Rama de Mi-Fanu fue llevado y discutido en la lección 6. Parece que la expansión de R 'Shmuel ben de jofni de las leyes de Noé era desconocido para el Rambam y Rama Mi-Fanu.
5. Rabí Menajem Azaria de Fano (1548-1620). Estudioso del Talmud italiano y cabalista. Su lista de las leyes de Noé fue presentada en una lección anterior.

*Mi casa será llamada casa de oración **por todos los pueblos.***[6]

En este verso Rashi comenta que el templo es una casa de oración, no sólo para los Judios, sino para todos los pueblos. También:

*Alabado sea el Eterno, **todas las naciones,** lo exaltan **todos los pueblos**[7].*

Vemos en estos versos que se espera la oración de los no-Judíos.

Rab Moshe Feinstein Zt'l,[8] en un responsorio sobre la práctica Noajida[9], pone la oración en perspectiva. Según el Rabino Feinstein, Los Noajidas no tienen ninguna obligación regular para orar (esto está en contraste con Judíos que están obligados a rezar diariamente mirando hacia el este). Más bien, toda oración Noájida es del tipo no fijado y personal mencionado anteriormente.

Para los Noajidas, la oración es sólo una mitzva cuando se realiza en respuesta a las necesidades o circunstancias personales. Si uno experimenta retos para los que no ora, su falta de respuesta equivale a una negación de Dios como gobernante soberano de todas las cosas y todos los eventos. Cuando uno reza en tales circunstancias, demuestra la confianza y la fe en el Creador.

Cuando un Noajida reza para dar gracias o alabanza sin tener una necesidad personal, todavía recibe recompensa por tal oración, a pesar de que no es de la misma naturaleza que la oración motivada por necesidades personales.

---

6. Isaiah 56:7.
7. Salmos 117:1.
8. Rabí Moshé Feinstein (n. Rusia, 1895 -. m. Nueva York, 1986) era la autoridad de la Tora más importante de su generación y uno de los estudiosos más importantes de los últimos 200 años. Su obra magna, la responsa Igrot Moshe, sigue ejerciendo una enorme influencia en el pensamiento judío y la práctica en todo el mundo.
9. Igrot Moshe II:25.

Al parecer, muchas autoridades posteriores, no enumeran la oración como una obligación debido a que está derivado de la razón más que la revelación o la exégesis textual[10].

En Resumen:

• Los Judios tienen la obligación de rezar regularmente, independientemente de sus necesidades o circunstancias personales.

• Los Noajidas no tienen la obligación de rezar regularmente. Más bien, la oración como una respuesta a las necesidades o circunstancias personales está obligado por la fuerza de la razón. Por esta oración reciben la recompensa por haber realizado una mitzva.

• Sin embargo, la oración de alabanza a Dios por su poder y grandeza y por haber creado todas las cosas, sigue siendo una mitzva y son recompensados a pesar de que es totalmente voluntaria.

CONSEJOS PRÁCTICOS DE CÓMO REZAR

La oración es más que sólo hablar con Dios - es el establecimiento de una relación. Como todas las relaciones, hay que trabajar en la comunicación. Nuestros sabios y tzadikim (justos) han establecido ciertos puntos de referencia para la oración para ayudarnos a maximizar nuestro potencial.

1) **Identifique su oración.** Una oración siempre va a caer en una de las tres categorías siguientes. La identificación de su oración le ayudará a entender mejor el propósito de la oración y ayuda a guiar a hablar con Dios y articular lo que está en su corazón. Los sabios han identificado tres modalidades

---

10. Véase el comentario de Ramban sobre Sefer Hamitzvot sobre si procede o no la oración, incluso debería ser incluida entre las 613 mitzvot de los Judios.

de la oración:

a. Peticiones - pidiendo a Dios por las necesidades de uno o por las necesidades de los demás. Esto incluye tanto las necesidades espirituales como las físicas.

b. Alabanza - Alabando a Dios por las habilidades que son únicas de él. Por ejemplo: alabar a Dios por la creación del sol y los cielos, o por su capacidad de dar la vida y curar enfermedades.

c. Gratitud - Expresando gratitud a Dios por todo lo que Él ha hecho por la persona. Por ejemplo, la salud, la familia, los amigos y los medios de subsistencia.

2) La oración debe ser verbalizada. Por verbalizar nuestras oraciones nos vemos obligados a dar voz y articulación de nuestras preocupaciones más importantes. La articulación de ellas a través de discurso da honra tanto a la oración como a Dios[11].

3) Separe periodos regulares para la reflexión y la oración. Aunque los Noajidas no están obligados, en la oración periódica, el establecimiento de un horario regular para la oración y reflexión espiritual es intrínseco a la vida espiritual del judío y del Noajida. Esta debe ser fija, regular, y sagrada. El lugar debe estar en algún lugar privado, tranquilo y respetuoso. Algunas personas van a dedicar un tiempo todos los días, otros semanalmente. La belleza del Noajismo es que usted sabe lo que tiene que hacer, y además tiene una buena cantidad de libertad para personalizar el rezo.

4) Hacer un espacio en la oración para pedir todas sus necesidades diarias. Dios proporciona todo. Incluso las cosas que parecían provenir únicamente de la mano del hombre son proporcionadas por Dios. Por lo tanto, es apropiado

---

11. Ver Igrot Moshe OC II: 25 que el Noajida debe verbalizar sus oraciones. Oración puramente mental, incluso para los Judios, se utiliza sólo en circunstancias atenuantes.

orar por todas las necesidades de uno, ya sea grande o pequeño, física o espiritual, tonto o serio. Cualquier cosa que una persona tiene es sólo el resultado de Dios.

5) La oración es directa y sólo para el único y verdadero Dios y creador de todas las cosas. Tanto el Noajismo como el judaísmo rechazan la idea de orar hacia o a través de un intermediario. Además, sólo oramos previendo a Dios como una sola unidad, no una entidad con múltiples formas o expresiones. Estos conceptos de un Dios dispar es o de un intermediario son idólatras y prohibido para Judios y Noajidas. **Todo lo que necesita para conectarse con Dios es usted, sus oraciones, y Dios.**

OTROS DETALLES DE LA ORACIÓN

• Aunque no hay que recurrir a orar en voz alta, por lo menos debería articular sus oraciones en voz alta con el habla[12].

• Se debe usar, ya sea sus propias oraciones o las compuestas para el único y verdadero Dios. No se debe utilizar oraciones compuestas por idólatras o comúnmente ofrecidos a la idolatría. Esto es incluso si la propia intención es orar al verdadero Dios. Este tipo de oración es comparable a la que se ofrece en un sacrificio profano ante Dios[13].

• Del mismo modo, no se debe orar a Dios en un Makom Avodá Zarah - un lugar de culto a los ídolos. Esto incluiría una iglesia, una capilla en la que hay una cruz o un crucifijo, un templo budista, o cualquier lugar que contiene imágenes idólatras. A pesar de que el Islam es una religión inaceptable, un Noajida puede rezar en una mezquita[14].

• No se debe Rezar a la vista u olor de excrementos u otros

---

12. Igrot Moshe OC II: 25.
13. Igrot Moshe Ibid.
14. Aunque el Islam es monoteísta, rechaza la Tora como la autoridad y revelación final.

desechos corporales.

• Uno debe rezar en un ambiente limpio, respetable. Uno no puede rezar en un cuarto de baño, matadero, u otro lugar.

• No se debe rezar en frente de adultos o niños que están desnudos o indecorosamente vestidos.

• Aunque los Noajidas no tienen un horario obligado establecido para la oración, es sin embargo conveniente establecer un horario regular para la oración y reflexión.

• Los Rezos Noajidas se pueden extraer de los Salmos, algunos pasajes del Sidur, y compilaciones modernas de oraciones.

LA OBLIGACIÓN DE BENDECIR

Las Mitzvot, en general, se dividen en tres clases:

1) Mejuyeve - mitzvot que uno debe hacer. Por ejemplo, las mitzvot que participan en el establecimiento de la justicia y los tribunales son Mejuyevet. Son obligatorios y uno es responsable de su negligencia.

2) Reshut - mitzvot que son opcionales. Esto significa que existe la mitzva y se aplica a una persona; Sin embargo uno no es castigado legalmente por dejar de lado la mitzva. Si uno realiza estas mitzvot, entonces se le otorga la recompensa y el mérito por hacerlo.

3) Mitzvot que no tienen aplicación a una persona. Algunas mitzvot son totalmente inaplicables a algunas personas. Por ejemplo, los Kohanim, los sacerdotes del templo, tienen mandamientos únicos para ellos. Sus mitzvot no son aplicables a otros Judíos. Otros Judíos incluso no pueden adoptar estas mitzvot voluntariamente.

Es muy arriesgado y peligroso espiritualmente adoptar las mitzvot de los cuales uno tiene ninguna conexión. A lo sumo, uno recibe ningún mérito por ello. En el peor, se puede recibir un castigo divino. Esto es cierto tanto para los Judíos como Noajidas. Uno debe ser muy cauteloso al adoptar prácticas a las que uno no tiene la obligación o conexión.

Los 7 mitzvot de Noé y sus subdivisiones generalmente caen en la primera categoría - la de las mitzvot obligatorias. Mitzvot judías que no tienen conexión con el Noajismo (es decir, leyes dietéticas o sobre el cumplimiento de muchas fiestas judías) caen en el tercer grupo.

Mitzvot obligada por la lógica o ventaja práctica generalmente caen en la segunda categoría. No se necesita llevar a cabo este tipo de mitzvot, pero es preferible y lógico hacerlo.

La Fuente de Bendiciones

Para los Judíos se trata de una Mitzva Obligatoria (Mejuyevet). Antes de participar de cualquier beneficio que este mundo tiene para ofrecer, damos bendiciones (Brajot en hebreo) a Dios por proveer dicho beneficio. ¿Cuál es el origen de esta práctica? ¿Es de la Tora o de los rabinos?

Bendición Después de la Comida

Con respecto a una bendición (braja) en particular, el Birkat HaMazon (Bendición Después de la Comida. sabemos que su obligación proviene de la Tora. La Tora dice:

> *Y comerás, estarás satisfecho, y bendecirás a Dios tu Señor por la buena tierra que El te ha dado.*[15]

De aquí aprendemos la obligación bíblica de bendecir a Dios después de las comidas.[16]

---

15. Deuteronomio 8:10.
16. El Talmud aclara que una comida adecuada es aquella en la que se come pan.

Bendición por la Tora y ciertas especies

Otras dos bendiciones, son las que decimos antes del estudio de la Tora y el MaEyn Shalosh, una bendición dicha después de comer ciertas especies de frutas, granos, o el vino. Esta puede ser de origen bíblico, sin embargo, es algo difícil de precisar.[17] Por lo general, la mayoría de las autoridades ven la bendición por el aprendizaje de la Tora como de origen bíblico. Sin embargo, no existe un consenso claro en cuanto al origen del MaEyn Shalosh.

Otras Bendiciones

¿Qué pasa con las muchas otras bendiciones? El Talmud reconoce que todas las otras bendiciones, aunque son obligatorias, son sólo de origen rabínicas. Su autoridad está obligada por la sola lógica, no por decreto bíblico en particular, como dice el Talmud:

> *Aunque no es un mandato de Dios, es una obligación*
> *lógica sobre una persona.[18]*

Dios nos dio este mundo para participar de él y para servirle a través de él. Cada vez que nos beneficiamos de este mundo, nosotros participamos de la bondad de Dios como el Creador. Sólo tiene sentido, por lo tanto, reconocer a Dios el Dador. Como apoyo a esta línea de razonamiento, el Talmud

17.   La naturaleza del MaEyn Shalosh, la bendición dicha después de ciertos granos, frutas y vino, es difícil de determinar debido a la ambigüedad bíblica. Deuteronomio 08:10, que habla sobre la orden de bendecir después de una comida, también incluye una lista de leyes para esta bendición. Por esta razón, el Rashba y el Rosh sostienen que es de origen bíblico (ver Bet Yosef 209). Sin embargo, el Rambam, Taz (209:3) y otros tienen una lectura diferente del verso, y concluyen que es rabínico en su origen. No hay un consenso claro sobre el asunto. En cuanto a las bendiciones sobre el aprendizaje de la Tora, aunque la fuente no es muy clara, la mayoría de las autoridades los tratan como de origen bíblico. La cuestión del origen bíblico vs rabínicoo es más que meramente académico; para los Judíos ambas son obligatorias.
18.   Berajot 35a.

invoca una contradicción sutil en los versos de los Salmos:

Rabí Levi señaló una contradicción entre dos versos. Uno afirma: "La tierra y su plenitud pertenecen a Dios.[19]" "Otro versículo dice:" Los cielos son de Dios, pero la tierra ha sido dado al hombre.[20]" "Se resolvió la contradicción al afirmar que un versículo se refiere al estado del mundo antes de recitar un Braja y el otro a después de su recitación. Dijo Rabí Janina Bar Pappa: Cuando uno obtiene placer de este mundo sin un Braja, es como si hubiera robado a Dios!

Antes de comer una fruta, la fruta es de Dios - Él lo creó, lo alimentó y lo trajo a este lugar en su existencia. Uno no puede participar de esa fruta a menos que "la redima" a través de la bendición, agradeciendo a Dios por el beneficio que uno está a punto de recibir. De lo contrario, el comer del fruto es similar a robar!

Por cierto, este pasaje del Talmud ilustra un concepto mencionado en la Lección 5 de nuestro programa de estudios. Vimos allí que las mitzvot sólo se aprenden y aceptaron desde la Tora y no de los Profetas y Escritos. Existen los Profetas y Escritos para elaborar y aclarar nuestra comprensión de la Tora. También proporcionan el apoyo y la comprensión de los decretos rabínicos. Tenga en cuenta que el Talmud no utiliza estos versos de los salmos como prueba "bíblica" para la toma de las bendiciones. En su lugar, se utilizan como apoyo a una propuesta basada en la lógica rabínica religiosa.

La obligación judía vs La Obligación Noajida

Para los Judios, hacer bendiciones sobre beneficios es una mitzva obligatoria. A pesar de que casi todas las bendiciones son rabínicas en origen (con la excepción de la bendición después de la comida y, posiblemente, algunas otras), un Judío debe, igualmente hacerlas. Descuidar Brajot se considera una transgresión para un judío.

19. Salmos 24:1
20. Salmos 115:16.

Dado que toda la idea de Brajot tiene sus raíces en la lógica religiosa, para los Noajidas cae en la segunda categoría mencionada anteriormente: Reshut, mitzvot voluntarias.

¿Qué pasa, sin embargo, con la bendición después de las comidas? ¿No es esta, una bendición bíblica en origen? Sí - lo es. Sin embargo, esta bendición sólo se le mandó a Judíos, no a Noajidas. Sin embargo, la idea de hacer una bendición después de las comidas es obligada por la misma lógica religiosa que obliga a todas las otras bendiciones.

Tipos de Brajot

El Rambam[21], basado en el Talmud, se identifica tres categorías de bendiciones/Brajot:

1) Bendiciones sobre beneficios. Estos incluyen bendiciones sobre alimentos, bebidas, especias, etc.

2) Las bendiciones sobre las mitzvot. Dado que existen los mandamientos de Dios en beneficio de la humanidad, los Judios crean bendiciones para cumplir mandamientos. La fórmula de este tipo de bendiciones es bien conocida: Bendito tú eres Dios, Rey del universo, que nos ha santificado con Su mandamiento de…

3) Las bendiciones de agradecimiento, alabanza y gratitud.

Las Categorías 1 y 3 son las más relevantes para los Noajidas. La segunda categoría, sin embargo, es complicada incluso para los Judios. Hay muchos detalles en cuanto a la redacción exacta de este tipo de bendiciones. Por otra parte, no todas las mitzvot requieren bendiciones en todo momento. Algunos nunca lo hacen. Ya que la segunda categoría es generalmente aplicable para los Noajidas, vamos a centrar nuestra atención en el primer y tercero tipo.

---

21. Hiljot Brajot 1:4

La bendición después de las comidas

Existe una excepción a la utilización de los textos judíos con respecto a la bendición, dicha después de las comidas. Esta bendición era originalmente un solo párrafo, compuesto por Moisés. Con el tiempo, se añadieron otros tres párrafos. Cada uno de los cuatro párrafos habla de asuntos relacionados exclusivamente con la obligación judía para bendecir después de las comidas y la única conexión entre el pueblo judío y la tierra de Israel. Por tanto, es incorrecto para los Noajidas usar este texto porque sería ir en contra de dat Jiddushei, de añadir un mandamiento y borrar los límites religiosos entre el judaísmo y el Noajismo.

Las Gracias después de las comidas para un Noajida

Un hecho poco conocido es que el Midrash enseña una bendición Noajida para después de las comidas! Se nos enseña que Abraham, que sobresalió en ofrecer hospitalidad a los huéspedes, y que nunca le pedía a sus invitados agradecerle o pagarle. Más bien, Abraham sólo pedía a sus invitados que recitaran una bendición de agradecimiento a Dios. La bendición que les enseñaba era:

> *Bendito es el Dios del universo de cuya*
> *generosidad hemos comido.*[22]

Parece que esta era recitada después de cualquier comida abundante, si pan se comía. Para los Noajidas, es aconsejable que esta bendición sea dicha después de comer sentado en una mesa, siguiendo el precedente de Abraham.

Esta bendición puede ser mejorada mediante la adición de Salmo 67 o 104 antes de recitar esta.

Recientemente, muchos textos para después de las comidas han sido compuestos para los Noajidas. Muchos de estos textos son muy buenos, pero se debe utilizar después de recitar

---

22. Bereshit Rabbah 54.

la bendición que se mencionó anteriormente.

En la siguiente lección, exploraremos las bendiciones reales a utilizar y las normas que rigen su uso.

LEYES RELATIVAS A LAS BENDICIONES SOBRE LOS ALIMENTOS Y BEBIDAS

Bendiciones sobre la comida y la bebida que se dice antes y después de comer o beber.

Una Comida con Pan

Una comida a base de pan, por lo general tiene dos partes: la comida principal, y el "después de la comida," en la que se sirven bebidas y postres.

La comida Principal

Muchos versículos de Tanaj hablan de la primacía del pan como alimento básico del hombre. Debido a su estatus único, el pan tiene la capacidad de "eximir" de su bendición a otros alimentos que se consumen en la comida.

Esto significa que, si usted come una comida en la que se sirve el pan, sólo tiene que hacer una bendición sobre el pan al comienzo de la comida. No es necesario recitar otras bendiciones por los otros alimentos. La única excepción es el vino, ya que también está especialmente distinguido en el Tanaj.

Qué es llamado Pan?

Para el propósito de esta bendición, el pan se define como habiendo sido hecho de una harina de cualquiera de estas; trigo, cebada, centeno, avena o espelta. Amasada con agua, y horneada. Sea o no el pan leudado no se hace ninguna diferencia.[23] Se incluyen también Pan de pita, bagget, panecillos

---

23. Las galletas pequeñas, como Ritz o galletas saladas, reciben la bendición # 2 siguiente, a pesar de su similitud con Matza.

de kaiser, Matzá, etc.[24]

Esta bendición, como la mayoría de las bendiciones, es en tiempo presente porque Dios está constantemente creando y otorgando sus bondades a su creación.

Después de la comida

Postres, incluidas las bebidas después de las comidas, como el café, té, o un digestivo, no se incluyen como parte de la comida principal. Por lo tanto, no están cubiertos por la bendición sobre el pan y requerirían sus propias bendiciones.

OTRAS BENDICIONES SOBRE COMIDAS & BEBIDAS

Bendiciones sobre cualquier Grano o alimentos a base de cereales

Esta bendición recaería sobre las galletas, pasteles de arroz, pastas, tartas de pop, cereales, avena, etc

En caso de tener un alimento que es una mezcla de grano y algo más, siempre la bendición es sobre los alimentos a base de granos y no sobre la otra comida. Por ejemplo: cuando se come cereal de trigo triturado con leche, se bendice sólo por el trigo triturado y no sobre la leche. Esto es, una vez más, debido a la prominencia de los granos.

Para el vino (incluyendo el jugo de uva)

El Tanaj alaba los productos de la uva, en muchos lugares, elevando el vino como la más destacada de todas las bebidas. Esta Bendición aplica a Vinos y Jugos de Uva.

Bendiciones sobre Frutas y Hortalizas

La Tora divide en dos categorías los productos vegetales: árboles y vegetación terrestre. Un árbol se define por el Tal-

24. Pita chips y chips de bagel, sin embargo, sólo requerirían la bendición # 2.

mud como cualquier planta cuyo tallo y ramas permanecen de estación a estación. Los vegetales son cualquier planta cuyo tallo o ramas se marchitan y deben volver a crecer cada temporada.[25]

De acuerdo con estas definiciones, los plátanos y las fresas son frutos de la tierra. Manzanas, peras, naranjas y limones, por el contrario, son fruto de los árboles. La Tora ha establecido bendiciones separadas por los frutos de cada tipo de planta.

Para todos los demás alimentos y bebidas

Para todos los alimentos y bebidas que no requieren una de las bendiciones de arriba, se recita la siguiente bendición de…por cuyas palabras fueron hechas todas las cosas:

PRINCIPIOS GUÍAS PARA ANTES DE RECITAR UNA BENDICIÓN

1) No hay una cantidad mínima para la recitación de una bendición; una bendición es adecuada incluso para la cantidad más diminuta que se consume.

2) Una vez que uno ha hecho la bendición, no debe hablar entre la bendición y la degustación de la comida o la bebida.

3) Hay un principio de economía de bendiciones. Nosotros siempre tratamos de hacer las bendiciones de la manera más eficiente posible. Si usted tiene una ensalada de frutas que contiene manzanas, naranjas, peras, arándanos, todos los cuales pueden ser cubiertos por la bendición por los frutos

---

25. El Talmud enumera muchos otros criterios para la identificación de la vegetación del suelo y los árboles. Hemos listado aquí sólo la característica más común. Con algunas frutas exóticas, como la papaya y maracuyá, su clasificación puede ser difícil. En estos casos tenemos que depender de criterios talmúdicos más específicos.

de los árboles, por lo tanto solo debe hacer una bendición sobre toda la mezcla.

4) Cuando usted tiene muchos alimentos frente a usted, usted siempre debe hacer la bendición por el alimento que prefiere o desee más en ese momento. La única excepción es el pan - si usted planea comer pan, entonces usted debe hacer primero la bendición por el pan y por lo tanto "exime" todos los demás alimentos (recuerde la economía de bendiciones).

5) Si uno no tiene ninguna preferencia especial por ninguno de los alimentos que están frente a él, y el pan no es parte de la comida, entonces debe tomar las bendiciones en el orden indicado arriba, empezando con la bendición sobre el grano o cereales. Esto quiere decir que uno debe primero hacer la bendición sobre los alimentos de grano, luego vino, a continuación, la fruta de los árboles, fruto de la tierra, y por último, todos los demás alimentos. Por ejemplo, si uno tiene una ensalada de frutas que contiene naranjas y fresas, debe seleccionar una naranja, decir la bendición sobre él (por los frutos de los árboles) y luego elegir una fresa y hacer la bendición sobre esta (por los frutos de la tierra). Esta jerarquía de bendiciones se basa en el grado en que diversos alimentos se les da la prominencia y la alabanza en el Tanaj.

6) Cuando un alimento de grano se produce en mezcla con otros alimentos, uno sólo tiene que hacer una bendición sobre. Por ejemplo, la tarta de manzana sólo requeriría la bendición sobre el grano o cereales, y no sobre el grano o cereales + por los frutos de los árboles.

7) Una preferencia es hacer su bendición sobre un alimento entero y no uno que este a la mitad. Si uno tiene una media manzana y una manzana entera delante de él, él debe hacer la bendición sobre la manzana entera.

8) Se debe mantener la comida o la bebida en la mano (o en el tenedor) mientras hace la bendición.

9) Un alimento que se añade sólo como una especia o sabor no requiere su propia bendición. Al comer papas fritas y ketchup uno sólo tiene que hacer la bendición por los frutos de la tierra sobre las patatas fritas.

10) Del mismo modo, si un alimento contiene una serie de ingredientes que uno es claramente el primario y los demás son secundarios, sólo se hace la bendición en el primario. Por ejemplo, Si uno está comiendo un guiso de carne con muy pequeños trozos de verduras, pero grandes trozos de carne, entonces la bendición deberá realizarse sólo sobre la carne (bendición por los demás alimentos y bebidas). Si los ingredientes son todos de igual importancia, se debe hacer la bendición solicitada para cada ingrediente.

11) Cualquier alimento que normalmente requiere una bendición especial que ha sido completamente licuado o preparado de otro modo irreconocible, sólo se recita la bendición por los demás alimentos y bebidas. Pringles son un buen ejemplo, que reciben la bendición por los demás alimentos y bebidas.

12) Si usted está inseguro de que bendición debe decir, o se ha olvidado de lo que debe hacer, debe recitar la bendición por los demás alimentos y bebidas. En caso de necesidad esta bendición cubrirá todo.

Bendición Después de Comer

También bendecimos a Dios, después de haber participado de su beneficio. Esta bendición es en muchos aspectos una mayor expresión de agradecimiento que la bendición previa.

El Midrash registra una bendición después de las comidas que se imparte por Abraham a los no-Judios. Esta bendición debe decirse cuando uno ha comido cualquier cantidad por más mínima que sea y que se sienta satisfecho.[26] Se puede mejorarse con la adición de los Salmos u otros textos compuestos específicamente. Estos textos deben añadirse antes de la bendición.

Bendición sobre los Aromas

Las bendiciones sobre diversos tipos de elementos aromáticos son previas a la acción. No existe una bendición posterior después de disfrutar su aroma.

BENDICIONES DE ALABANZA Y GRATITUD

Al ver un relámpago

Esta bendición, como el de un trueno y el arcoíris, sólo puede decirse una vez por tormenta. Para decirlo dos veces, el cielo tendría que aclarar por completo y luego otra tormenta comenzar, O bien, una persona podría viajar a un lugar donde hay otra tormenta.

Esta bendición también se dice cuando uno ve los fenómenos naturales excepcionalmente impresionantes como las montañas gigantes, estrellas fugaces, o grandes ríos. También se dice cuando uno experimenta un terremoto. Sin embargo, en estos casos, sólo puede decirse una vez transcurridos 30 días desde la última vez que experimentó estos fenómenos. Esta regla de los 30 días se discutirá más abajo.

Al ver un arcoíris

El arcoíris fue dado como un signo de la promesa de Dios de no volver a destruir el mundo de nuevo después del diluvio de Noé. Por lo tanto, se recita la siguiente bendición al ver el arcoíris. Nosotros sólo recitamos cuando podemos ver los

26. Las bendiciones posteriores difieren mucho entre los Judios y Noajidas. Esto es porque el texto de la mayoría de las bendiciones posteriores son únicas para los Judios. Por otra parte, la existencia de esta bendición midráshica Noajida sobrepasa el uso de cualquiera de las bendiciones posteriores judías.

dos extremos del arco en el cielo.

Al ver el Océano

Según muchos, esta bendición también hay que decirla al ver el mar Mediterráneo. Esta bendición, y muchos de las siguientes, sólo se dice después de que hayan transcurrido treinta días desde la última vez que se produjo el avistamiento o evento. Esto es para preservar la frescura y el impacto de la bendición. Por ejemplo: una persona ve el océano y hace la bendición. 15 días más tarde, ve el mar de nuevo. Esta vez, no debe recitar una bendición. Él sólo dice otra bendición si pasan 30 días.

Al ver las cosas de inigualable belleza

Esta bendición se reserva para ver personas excepcionalmente bellas, paisajes, u otras creaciones. La regla de los 30 días se aplica a esta bendición.

Al ver cosas extrañas y extravagantes

Esta bendición se reserva para ver a los animales o las personas que son extrañas o deformes. La regla de los 30 días se aplica a esta bendición.

Al ver a los árboles frutales floreciendo

Esta bendición sólo puede ser recitada una vez al año, en primavera, y sobre la floración de árboles frutales:

Al ver una estudioso de Tora

Esta bendición se reserva para los pocos líderes, y muy especiales del mundo de la Tora. Hay, como máximo, no más de 10 personas en el mundo para quien se dice esta bendición. La regla de los 30 días se aplica a esta bendición.

Al ver a un sobresaliente Académico Secular

Al igual que la bendición de arriba, que está reservada para muy pocas personas. Esto se hace al ver el Albert Einstein e Isaac Newton (sé de un rabino líder que dijo que cuando conoció a Steven Hawking lo hizo). Al menos una autoridad, sin embargo, sostiene que se puede decir a cualquier ganador del Premio Nobel. La regla de los 30 días se aplica a esta bendición.

Al ver a un Rey no judío

Para merecer esta bendición, el gobernante debe 1) gobernar bajo ley, 2) no puede ser revocado, y 3) debe tener un poder absoluto sobre la vida y la muerte de sus súbditos. Prácticamente no hay jefes de Estado en nuestros tiempos que cumplan con estos requisitos. La costumbre actual es recitar de una forma alterada la bendición, omitiendo las referencias a la realeza de Dios. Esto hace que sea una mera declaración de alabanza y no una bendición real. La regla de los 30 días se aplica a esta bendición.

Si uno ha experimentado un milagro en un determinado lugar

Si una persona cree que se ha beneficiado de un milagro, entonces la siguiente bendición se recita cada vez que está en el lugar donde se produjo el milagro. Sin embargo, sólo se recita si uno visita el lugar una vez cada 30 días o más. Si uno visita el lugar con más frecuencia que cada 30 días, la frescura de la experiencia se desgastará rápidamente.

Printed in the USA
CPSIA information can be obtained
at www.ICGtesting.com
LVHW031039200923
758628LV00004B/180